철학자가 들려주는 철학 이야기 011~020권

아비투어 철학 논술 2

●

중급편

철학자가 들려주는 철학 이야기

아비투어 철학 논술 – 중급편 2

ⓒ 육혜원, 김광식, 박민수, 최지윤, 유성선, 양일동, 2011

초판 1쇄 인쇄일 | 2011년 6월 21일
초판 1쇄 발행일 | 2011년 6월 30일

지은이 | 육혜원, 김광식, 박민수, 최지윤, 유성선, 양일동
펴낸이 | 강병철
펴낸곳 | (주)자음과모음

주   간 | 정은영
제   작 | 장성준, 김우진
마 케 팅 | 박제연, 정지운
영   업 | 조광진, 안재임, 강승덕

출판등록 | 2001년 5월 8일 제20−222호
주   소 | 121−753 서울시 마포구 동교동 165−1 미래프라자빌딩 7층
전   화 | 편집부 (02)324−2347, 총무부 (02)325−6047
팩   스 | 편집부 (02)324−2348, 총무부 (02)2648−1311
e−mail | jmseries@jamobook.com
Home page | www.jamo21.net

ISBN 978−89−544−2683−1 (04100)
ISBN 978−89−544−2681−7 (set)

• 잘못된 책은 교환해 드립니다.

아비투어 철학 논술

중급편

2

㈜자음과모음

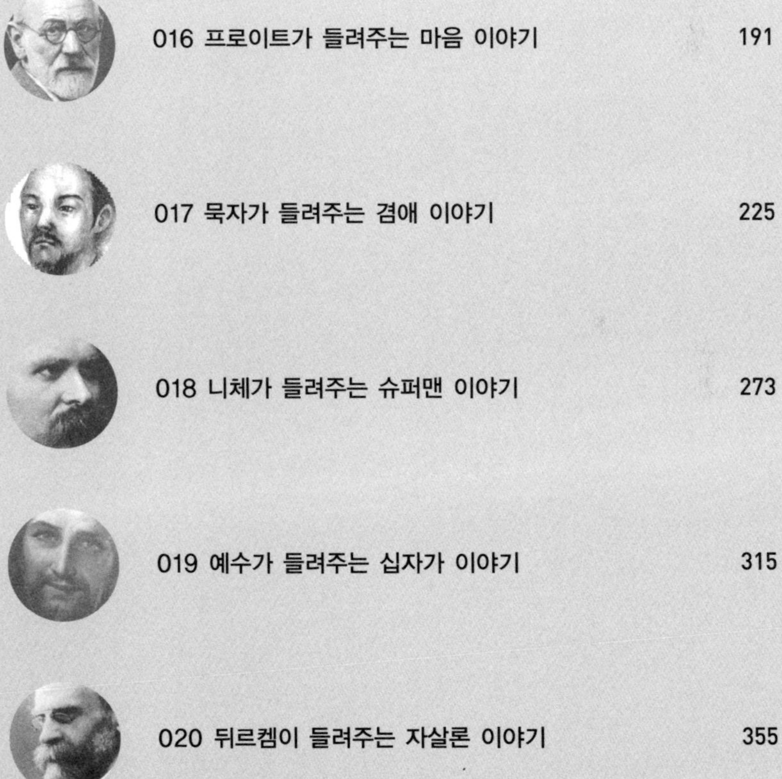

철학자가 들려주는 철학이야기 011

소크라테스가 들려주는 지혜 이야기

저자_육혜원

이화여자대학교를 졸업하고, 독일 베를린 자유대학에서 석사 및 박사 학위를 받았다. 플라톤의 정치 철학을 주제로 한 박사 논문을 썼고 현재 고대 정치사상에 관해 대학에서 강의 및 연구 활동을 하고 있다.

지혜 이야기

지혜 이야기

1 소피스트 프로타고라스

프로타고라스는 소피스트의 대표적인 철학자이다. 소피스트란 '덕의 선생님' 이란 뜻이다. 여기서 '덕' 이란 오늘날 말하는 일반 교육이다. 소피스트들은 문법학, 논리학, 수사학(변론술), 윤리학, 정치학 등 모든 학문을 가르쳤다. 그 중 프로타고라스는 아테네의 청년들로부터 가장 존경받은 인물이었다.

프로타고라스가 주장한 것이 바로 '인간은 만물의 척도이다' 이다. 이것을 진리의 상대주의라고 한다.

반면, 소크라테스는 진리는 상대적인 것이 아니라 절대적인 것이라고 말하면서 프로타고라스와 대립했다. 소크라테스는 절대적인 지식, 절대적인 진리를 추구했다.

2 로고스

로고스는 우주가 변화하는 원리로, 고대 그리스 철학이나 신학에서 주로 사용되는 용어이다. 본래의 고전 그리스어로 '말하다' 를 뜻하는 동사 'legein' 의 명사형이며, '말한 것' 을 뜻한다. '말한 것' 은 먼저 말, 글, 이야기, 연설이다. 연설은 특히 고대인들이 중요하게 생각한 것이다. 그래서 말하기를 가르치는 수사학이 소피스트들의 중요 과목이었다.

다음으로 '말한 것' 로고스는 사물의 설명, 이유, 근거를 뜻한다.

그리고 로고스는 사물의 본질 존재이다. 즉 사물의 본성과 모양을 규정하는 것이다. 그래서 헤라클레이토스는 만물은 하나의 로고스에 의하여 지배되고, 이 로고스를 인식하는 것 안에 지혜가 있다고 하였다.

끝으로 로고스는 사물을 파악하는 인간의 '이성' 을 뜻한다. '인간은 이성적 동물이다' 는 말은 '인간은 로고스를 가진 동물이다' 와 같은 뜻이다. 인간은 말을 함으로써 '로고스를 가진 동물, 이성적 동물' 이 된다.

❸ 너 자신을 알라

'너 자신을 알라' 는 고대 그리스 델포이의 아폴론 신전 현관 기둥에 새겨졌다는 유명한 말이다. 소크라테스는 무엇보다 먼저 자기의 무지를 아는 것이 중요하다고 했다. 왜냐하면 인간의 지혜는 신에 비하면 하찮은 것에 불과하기 때문에 무지를 아는 것을 철학적 활동의 출발점으로 두었다.

뱀장어 피타고라스를 통해 깨달은 것은 바로 '내가 모른다는 것을 아는 것이 곧 모든 것을 아는 것이다' 는 것이다. 지혜란 모른다는 것을 아는 것이라고 뱀장어 피타고라스는 말한다.

4 지덕합일설

소크라테스에게 '안다는 것' 이 바로 '덕' 이다. 이것이 '지덕합일설' 이다. 소크라테스는 악덕이나 죄를 무지 때문이라고 하였다. 모르기 때문에 죄를 짓는다는 것이다. 안다는 것은 실천하는 것을 뜻하기 때문에, 알면서 실천하지 않는 것은 있을 수 없는 일이라는 게 소크라테스의 생각이다. 즉, 죄를 저지르는 사람은 그것이 죄라는 것을 모르기 때문이라는 것이다. 소크라테스는 이렇게 인간이 고의적으로 죄를 저지를 수 있다는 것을 부정하였다.

덕은 행복과 연결된다. 소크라테스는 참된 행복이 무엇인지를 알아야 한다고 주장했다. 참된 행복이 무엇인지 모르는 상태의 무지한 행동이 인간을 불행하게 하고 죄의 나락으로 이끌기 때문이다.

5 다이몬

소크라테스는 평생 다이몬이 들려주는 양심의 소리에 따라 살았다고 한다. 소크라테스에 의하면 다이몬은 자신에게 주로 하지 말라는 이야기를 했다는 것이다. 보다 쉽게 다이몬을 이해하기 위해서 한 가지 예를 들어 보자.

고대 그리스의 점술가 테오크리도스가 직접 경험한 다이몬에 대한 이야기이다. 테오크리도스와 친구들은 소크라테스와 함께 아고라 광장으로 가는 중이었다. 갑자기 소크라테스가 멈추어 서서 무엇인가 생각에 잠겼다. 함께 있던 사람들은 어리둥절해 하면서 수군거렸다. 잠시 후 소크라테스는 가까운 길을 두고 먼 길로 돌아가자고 했다.

함께 있던 사람들이 왜 그러느냐고 물었다. 소크라테스는 다이몬이 그렇게 시켰다는 말만 했다. 이 말을 들은 몇몇 사람들은 웃음을 참지 못하고 크게 웃었다. 그러나 소크라테스를 믿던 몇 친구들은 소크라테스와 함께 먼 길을 돌아가기로 했다.

물론 나머지 사람들은 소크라테스의 말을 듣지 않고 빠른 길로 아고라로 갔다. 소크라테스가 아고라에 도착해서 보니, 빠른 길을 택한 사람들은 아직 도착하지 않고 있었다. 무슨 일인가 하고 수군거리고 있을 때, 그 사람들이 아고라에 도착했다.

지름길로 가던 그들은 갑자기 돼지 떼를 만났다고 한다. 좁은 길에서 돼지 떼를 만난 그들은 돼지 떼를 피하려고 노력했지만, 옷만 버리고 도저히 걸을 수가 없었다고 한다. 그래서 그들은 결국 그 길을 포기하고 소크라테스가 간 먼 길을 돌아서 아고라로 왔다는 것이다.

소크라테스는 먼 길을 돌아 아고라로 가기 전 잠시 생각에 잠겼던 것은 다이몬의 소리를 들었기 때문이라고 한다. 다이몬의 소리가 가까운 길로 가지 말고 먼 길로 돌아가라고 했다는 것이다.

이 이야기는 마치 다이몬이 양심의 소리가 아니라 미래를 알려 주는 소리 같기도 하다. 이렇게 다이몬은 양심의 소리 외에도 소크라테스에게 여러 가지로 하지 말라는 경고도 하였다고 한다.

소크라테스는 자신이 하고 싶은 것이 있을 때는 마음의 소리, 즉 다이몬을 듣는다고 했다. 이 다이몬의 소리가 어떤 때는 빨리 들리고 어떤 때는 아주 오랫동안 들리지 않는다고 했다. 이런 경우 소크라테스는 다이몬의 소리가 들릴 때까지 한 곳에서 기다린다고 했다.

이렇게 볼 때, 소크라테스의 다이몬이란 곧 소크라테스의 정신적인 기둥과 같은 것이라고 생각되어진다. 요즘 유행하는 말로 수호천사와 같은 것이라고 할 수 있다. 뿐만 아니라 다이몬의 소리란 양심에 가책이 되는 일을 하지 못하게 하는 어떤 것이라고도 할 수 있다. 그리고 사람들의 동물적인 감각과 같은 어떤 것이라고 생각된다.

6 소크라테스가 생각한 죽음에 대하여

사람에게 영혼은 있을까. 영혼이 있다면 그것은 무엇일까. 그리고 사람이 죽으면 영혼은 어떻게 될까. 이런 문제에 대해서 살펴보는 것을 철학에서는 '영혼론'이라고 한다. 그리고 이 '영혼론'에 대해서 가장 먼저 이야기한 사람은 소크라테스이다.

소크라테스는 인간에게 영혼이 있으며, 이 영혼은 절대로 죽지 않는다고 생각했다. 소크라테스는 아테네 젊은이들의 생각을 자유롭게 해 주기 위해서 아고라에서 많은 노력을 하였다. 하지만 이러한 소크라테스의 행동에 불만을 품은 사람들은 소크라테스를 모함하여 고소하였다.

결국 소크라테스는 다이몬이라는 신을 믿는다는 것과 젊은이들을 타락시켰다는 죄목으로 사형 선고를 받았다.

소크라테스의 친구들과 제자들은 소크라테스를 구하기 위해서 노력하였다. 그러나 소크라테스는 악법도 법이라며 죽음을 택했다.

소크라테스는 왜 죽음을 피하지 않았나. 소크라테스는 죽음을 다음과 같이 두 가지로 보았다.

첫 번째 죽음은 꿈도 꾸지 않고 자는 것이다.

둘째로 죽음을 사람의 영혼이 이 세상에서 다른 곳으로 옮겨 가는 것으로 본 것이다.

이렇게 영혼이 옮겨 간다는 것은 영혼들이 살고 있는 세상이 따로 있다는 뜻이다. 그리고 영혼들이 가는 그 세상에는 먼저 죽은 사람들의 영혼도 있다고 소크라테스는 생각했다.

이렇게 죽은 사람이 가는 영혼의 세계가 있다는 것은 사람의 영혼은 결코 죽거나 살아지는 것이 아니라 영원히 산다는 뜻이다. 즉 이것은 소크라테스의 영혼 불멸에 대한 생각이다.

물론 우리는 이 영혼 불멸에 대한 생각을 믿을 수도 있고 , 믿지 않을 수도 있다. 하지만 사람의 영혼을 결코 변하지 않는다고 소크라테스는 믿었다. 그래서 소크라테스는 항상 예의바른 행동을 하며, 올바른 생각을 하라고 강조했다. 그리고 죽음을 두려워하지 말라고도 했다.

소크라테스가 이렇게 말하고 행동한 이유는 사람의 영혼이 사라지지도 않으며,

죽지도 않는다는 것을 확신하였기 때문이다. 즉 사람은 현재 세계에서만 사는 것이 아니라 죽고 난 다음에도 자신은 살아 있기 때문에, 자신의 영혼은 깨끗한 상태로 죽어야 된다고 본 것이다.

- 《소크라테스가 들려주는 지혜 이야기》 참고

01강 철학자 대 폴리스

안타깝게도 당시 아테네 사람들은 올바른 신념을 갖고 있지 않았습니다. 그래서 쉽게 자신의 의지를 버리고 나쁜 정치가나 가짜 시인에게 잘 속았습니다. 소크라테스는 이런 아테네 시민들에게 올바른 신념을 심어주고자 하였습니다.

소크라테스의 이러한 행동은 부정한 정치가나 가짜 시인들에게 입바른 소리로 들렸지요. 그리고 아무런 신념 없이 그저 힘센 사람들만 따라다니며 출세와 부귀를 얻으려고 기회만 엿보던 젊은이들에게는 귀찮은 소리일 수 밖에 없었지요. 그러나 소크라테스는 끝까지 젊은이들을 깨우쳐 주겠다는 생각으로 그들과 대화하였습니다.

– 《소크라테스가 들려주는 지혜 이야기》 중에서

생각 쓰기

주 요 개 념 및 배 경 지 식

1 폴리스

고대 그리스의 도시국가인 아테네의 중심지에 있던 언덕의 명칭이다. 그런데 시간이 지나면서 도시국가 자체를 폴리스라고 부르고, 본래 폴리스였던 언덕은 'akros(높은)' 라는 형용사를 붙여 아크로폴리스라고 부르게 되었다.

2 플라톤

플라톤(Platon, 기원전 427~347)은 그리스의 철학자이다. 플라톤은 기원전 407년에 소크라테스를 만나 그의 제자가 되었다. 하지만 스승 소크라테스가 기원전 399년에 아뉘토스의 고소로 재판을 받고 사형되자, 그는 커다란 충격을 받는다. 플라톤은 그의 스승의 뜻을 담아 주로 소크라테스를 중심 인물로 하는 대화 형식의 책을 썼다. 특히 《국가론》에서 플라톤은 철학을 공부한 철인 왕이 국가를 다스려야 한다고 주장했다. 플라톤은 아카데미 학당을 설립하여 후진을 양성하다 81세의 나이로 세상을 떠났다.

3 아고라

소크라테스가 시민들과 함께 토론을 했던 장소로 폴리스의 중심에 위치하며 고대 그리스 시민들의 정치, 종교, 상업, 사교 관련 활동의 중심지였다.

소크라테스는 그런 사람들을 찾아다니면서 그들에게 진정한 지혜가 무엇인지 보여 주기로 결심하였습니다. 소크라테스는 진정으로 지혜로운 사람을 찾기 위해 각계각층의 사람들과 이야기를 나누기 시작했습니다.

소크라테스는 그들에게 자신이 가진 지혜를 가르쳐 준 것이 아니었습니다. 그는 단지 사람들이 내면에 갖고 있는 지혜를 스스로 찾을 수 있도록 도와줄 뿐이었습니다. 그래서 스스로 아는 것이 아무것도 없다고 말한 것입니다. 소크라테스는 모든 사람이 갖고 있는 지혜를 끌어내기 위해서는 대화를 하여야 한다고 생각했습니다. 이것이 곧 소크라테스의 대화법입니다.

소크라테스는 대화를 통하여 사람들이 굳게 믿고 있는 잘못된 생각을 바꿀 수 있다고 보았습니다. 반면 올바른 지식과 정의 그리고 도덕적 의식을 갖고 있는 사람은 어떤 대화로도 그 사람의 의지를 꺾을 수 없다고 보았습니다.

안타깝게도 당시 아테네 사람들은 올바른 신념을 갖고 있지 않았습니다. 그래서 쉽게 자신의 의지를 버리고 나쁜 정치가나 가짜 시인에게 잘 속았습니다. 소크라테스는 이런 아테네 시민들에게 올바른 신념을 심어 주고자 하였습니다.

소크라테스의 이러한 행동은 부정한 정치가나 가짜 시인들에게 입바른 소리로 들렸지요. 그리고 아무런 신념 없이 그저 힘센 사람들만 따라다니며 출세와 부귀를 얻으려고 기회만 엿보던 젊은이들에게는 귀찮은 소리일 수밖에 없었지요. 그러나 소크라테스는 끝까지 젊은이들을 깨우쳐 주겠다는 생각으로 그들과 대화하였습니다.

소크라테스의 대화법은 결코 상대를 가르치겠다는 것이 아니라 오히려 대화를 통하여 자신이 먼저 배우겠다는 입장을 취하는 것이었습니다. 소크라테스는 먼저 질문을 하고 상대방의 이야기를 들었습니다. 이야기가 진행되는 동안 혹 상대방이 잘못된 말을 하거나 허점이 보이면, 소크라테스는 상대방을 가르치지 않고 스스로 깨닫도록 도와주었습니다. 이렇게 상대방은 끝없이 이어지는 이야기 도중에 스스로 무엇이 옳고, 무엇이 그른지 알게 되었습니다.

- 《소크라테스가 들려주는 지혜 이야기》 중에서

주요 개념 및 배경 지식

1 문답

인간은 묻는 자이고 인간만이 물을 수 있기에 물음은 인간의 본질을 가리킨다. 또한 물음은 물어지는 대상에 대해서 미리 알고 있어야 할 것을 전제로 하는 것이다. 따라서 모든 물음은 자기이해를 기초로 한 것이며 자기 자신이 모르는 것을 모른다고 답하는 무지의 고백을 통해서, 무엇을 모르는지 알고 싶어 하는 것을 자기 스스로 의식하는 것이 바로 자기 이해이다.

2 대화법

소크라테스의 대화법은 자신의 주장을 가르치기보다 상대가 스스로 진리에 이르도록 돕는 것이었다. 그의 대화법에는 상대의 무지를 깨우치는 반어법과 스스로 보편적이며 타당한 개념을 이끌어 내도록 만드는 산파술이 있다.

02_강 너 자신을 알라

"아직 보지 못한 것들이 많다는 점은 우리가 모두 똑같아요. 어때요? 내가 앞이 보이지 않는다고 해서 세상을 없다고 말한다면 그것은 옳은가요?"

"옳지 않아요. 다이몬의 눈에만 보이지 않을 뿐 세상은 분명히 존재하니까요."

플라톤이 대답했습니다.

"그럼 플라톤, 네가 아직 보지 못한 것들에 대해서도 마찬가지겠지?"

"네, 제가 아직 보지 못한 것들에 대해서 그것들이 존재하지 않는다고 말할 수는 없어요."

"그래, 플라톤. 그러니 우리는 스스로 아직 모르는 게 많다는 것을 인정해야 해."

"맞아요, 다이몬. 어쩌면 우리는 아는 것보다 아직 모르는 게 더 많은 것 같아요."

이때 소크라테스가 옆에서 무언가를 알았다는 듯 가만히 고개를 끄덕였습니다.

(……)

"뭐예요? 두 분은 답을 알아낸 거예요?"

소크라테스와 다이몬은 플라톤에게 웃으며 말했습니다.

"그럼. 그리고 너도 이미 알아냈단다."

"……."

플라톤은 더욱 어리둥절해졌습니다.

"아니에요. 난 정말 모르겠어요. 오히려 모르는 게 너무 많다는 걸 알게 되었을 뿐이에요."

기가 죽어서 어깨를 축 늘어뜨린 플라톤은 잦아드는 목소리로 말했습니다.

"그리고 다이몬의 눈에 보이지 않는 것이 우리 눈에 보인다면 우리 눈에 보이지 않지만 다른 누군가의 눈에는 보이는 것도 많이 있을 것 같아요. 세상은 정말 큰 것 같아요."

한참을 혼자서 중얼중얼하던 플라톤은 이때 갑자기 집게발을 딱 부딪히며 소리쳤습니다.

"아하!"

플라톤의 얼굴이 갑자기 밝아지며 크게 소리쳤습니다.

"맞다! 답은 '모르는 것' 이군요."

소크라테스와 다이몬은 흐뭇한 미소를 지었습니다. 플라톤은 너무나 기쁜 나머지 크게 소리쳤습니다.

"내가 알지 못하는 가운데 분명히 존재하는 것, 그건 바로 '모르는 것' 이에요."

– 《소크라테스가 들려주는 지혜 이야기》 중에서

생각 쓰기

1 호메로스

호메로스(Homeros, 기원전 800?~750)는 고대 그리스의 서사 시인으로 알려져 있다. 그는 유럽 문학 최대의 서사시 《일리아드》와 《오디세이아》의 작가라고 전해진다.

2 추상

어떤 사물이 직접 경험하거나 지각할 수 있는 일정한 형태와 성질을 갖추고 있지 않은 것이다. 여러 가지 사물이나 개념에서 공통되는 특성이나 속성 따위를 추출하여 파악하는 작용을 한다. 수학이나 논리학이 추상적인 지식에 속한다.

3 소크라테스주의

소크라테스 사후에 소크라테스를 신봉하고 따르는 자들이 만들어 낸 이론이나 학설이다.

03강 페리클레스와 소크라테스

우리의 정치 체제는 우리 이웃들의 것을 모방한 것이 아니라는 점을 말하고자 합니다. 우리의 정치 체제는 다른 어떤 것을 흉내 낸 것이 아니라 오히려 타의 모범이 되는 것입니다. 우리의 정치 체제는 민주정입니다. 왜냐하면 권력이 소수가 아니라 전체 인민의 수중에 있기 때문입니다.

사적(私的)인 분쟁을 해결하는 과정에서는 모든 사람이 법 앞에 평등합니다. 공직(公職)을 임명할 때 중요한 것은, 그 사람이 특정 계층의 사람인가 하는 점이 아니라 그 사람이 가진 실제적인 능력에 있습니다. 어떤 사람이 국가에 봉사할 능력을 갖추고 있는 한, 그가 가난하다고 해서 정치적으로 무시당할 일은 없습니다. 그리고 우리들의 정치 생활이 자유롭고 개방적인 것과 마찬가지로 서로 연관되어 있는 우리들 사이의 일상 생활도 역시 자유롭고 개방적입니다. 우리의 이웃이 그 나름대로의 방식으로 살아간다고 해서 그를 간섭하지 않습니다. 그리고 그의 감정을 상하게 하기는커녕 언짢은 눈총조차 던지지 않습니다. 즉 우리는 사생활의 영역에서는 자유롭고 너그러운 태도를 견지하고 있습니다. 그러나 공동의 문제에서는 법을 준수합니다. 왜냐하면 준법이야말로 우리의 깊은 존경심을 불러일으키기 때문입니다.

　우리는 공직에 임명된 사람에게 복종하며 법 자체에, 특히 억압받는 사람들을 보호하고 법을 깨뜨리면 명백한 수치로 여겨지는 불문법에 복종합니다. (……)

　여기에서 각 개인은 그 자신의 일만이 아니라 국가의 일에 대해서도 마찬가지로 관심을 가지고 있습니다. 심지어 자신들의 사업으로 매우 분주한 이들조차도 일반적인 정치 사정에 고도로 정통합니다. 이것은 우리들이 지니고 있는 고유한 특성이라고 할 수 있습니다. 우리는 정치에 관심이 없는 사람은 그 자신의 사업도 염려하지 않는 사람이라고 흔히 말합니다. 또한 우리는 그런 사람들을 이 나라에서 아무런 할 일이 없는 사람이라고 이야기합니다. 우리 아테네인들은 몸소 정책에 대한 결정을 내리거나 그 결정을 적절한 토론에 부칩니다. 왜냐하면 말과 실천이 서로 불일치한다고 생각하지 않기 때문입니다. 가장 나쁜 것은 그 귀결이 적절히 논의되기 전에 급히 행동으로 옮겨지는 것인데 이것은 우리가 다른 종족들과 구분이 되는 또 하나의 다른 점입니다. 우리는 동시에 위험을 무릅쓰면서도 미리 그것을 헤아릴 줄 아는 능력을 갖추고 있습니다. 보통 사람들은 무지(無知)로 인하여 용감해지기도 합니다. 그런 그들이 생각을 하기 위해서 멈추었을 때는 겁을 먹기 시작합니다. 그러나 진실로 가장 용감하다고 할 수 있는 사람은 인생에서 감미로운 것이 무엇이며 쓰라린 것이 무엇인지를 잘 알고, 다가오는 것에 감연히 맞서는 사람이라고 할 수 있습니다. 이처럼 위대한 증거를 갖고 국력을 뭇 사람들에게 보여준 우리는 오늘날의 세계에서뿐만 아니라 후세에 이르기까지 모든 이의 찬탄의 대상이 될 것이라고 확신합니다. (……)

페리클레스의 기념주의적 연설은 문화적 위대함과 현실주의적 수사학의 힘으로 제국적인 권력과 정치를 지속시키려는 야심을 가지고 있었다. 소크라테스는 아테네인들이 도시국가를 사랑하기에 앞서 자신의 영혼을 사랑하기를 바랐다. 철학자의 관점에서 비추어 볼 때 정치 행위는 공허와 자만심으로 보인다. 때문에 관조적인 삶을 추구하는 철학자는 아테네인들의 정치 행위를 폄하할 수 있다. 하지만 소크라테스의 산파술은 반대자들을 설득하기 위해 명백히 자신의 관점을 말할 수 있도록 훈련시키는 수사학이 아니었다. 그는 오히려 시민들 사이에 시민이었다. 철학 행위로 소크라테스는 상대방을 공격하고 가르치는 것이 아니라 스스로 깨닫도록 도와주는 산파술사였다. 시민의 영혼을 보살피고 부정의를 피하기 위해 소크라테스의 시민 정신은 헌신적이었다.

생각 쓰기

1 민주주의

　　민주주의(democracy)의 어원은 그리스어로 '인민(demos)'과 '권력(kratos)'의 합성어로 '인민에 의한 지배'를 뜻한다. 민주주의란 인민이 권력을 가지는 동시에 권력을 스스로 행사하는 것을 의미한다. 즉 민주주의는 국민 주권의 정치 원리이며, 또 그 원리가 표현되는 정치 형태를 포괄하는 개념이다. 현대에 있어서 민주주의는 두 종류로 나뉘는데 '국민에 의한 지배'라는 고전적인 의미를 갖는 '직접 민주주의'와 국회의원과 같은 대표를 뽑아서 민주주의를 행사하는 '간접 민주주의'가 있다.

2 페리클레스

　　페리클레스 (Perikles, 기원전 495 ?~ 429)는 아테네 민주정치의 기초를 마련한 정치가이다. 그는 뛰어난 수사학적인 웅변으로 유명했다. 아테네는 귀족을 중심으로 민주주의 정치를 시행하고 있었는데 귀족이 아니더라도 평민 출신 중에 부와 명예를 가진 자는 정치를 할 수 있었다. 그는 최고의 귀족 명문 출신이었으나 정적인 키몬에 대항하기 위하여 귀족파가 아닌 민주파의 지도자가 되었다. 페리클레스는 여자, 외국인, 노예를 제외한 성년 남자시민 모두가 민회에 참석하여 다수결로 국가의 일을 결정하도록 하였다. 장군 등 특수한 직종을 제외한 모든 공직자를 추첨으로 뽑았고, 무산 시민이 배심관이나 관리의 일을 할 때는 귀족들에게 세금을 거두어 수당을 지급하였다.

그는 기원전 447년부터는 파르테논 신전의 건조를 시작하였고, 아테네 시가를 아름답게 만들었으며 민주주의의 꽃을 피웠다.

3 펠로폰네소스 전쟁

고대 그리스 도시국가의 양대 세력인 아테네와 스파르타가 서로 패권을 다툰 전쟁(BC 431~404).

아테네와 스파르타는 각각 델로스와 펠로폰네소스 동맹을 이끌었는데, 이 두 동맹에는 그리스의 도시국가들이 거의 포함되어 있었다. 전쟁은 사실상 그리스 세계 전체를 휩쓸었고, 동시대의 역사가 투키디데스는 이 전쟁을 그때까지 벌어진 전쟁 가운데 가장 중요한 전쟁으로 보았다. 펠로폰네소스 전쟁에 대한 투키디데스의 기록은 세계에서 가장 뛰어난 역사서의 하나로 꼽힌다.

아비투어 철학 논술

예시 답안

case **1**
소크라테스는 진리를 추구하고 진실되게 살려고 했다. 그러나 당시 아테네 사람들은 눈 앞의 이익과 출세에만 관심이 있을 뿐이었다. 소크라테스는 이러한 아테네 사람들에게 올바른 삶과 신념을 깨우쳐주고자 했다.

case **2**
산파는 아기를 낳을 때 도와주는 사람이다. 그리고 산파처럼 사람의 참다운 지식을 끄집어 내는 것을 도와주는 기술이 산파술이다. 소크라테스의 산파술은 산부인과 의사가 하는 방법과 같다. 차이가 있다면 의사들은 어머니가 아기를 낳는 것을 도와주지만, 소크라테스는 사람이 지식을 낳는 것을 도와주는 것이다.

산파가 아기를 낳도록 도와주려면 도구가 필요하다. 여기서 말하는 도구란 출산하는 데 필요한 의학 장비이다. 이와 마찬가지로 소크라테스 산파술에서 도구의 역할을 하는 것은 바로 말인 것이다.

case **1**
소크라테스는 '너 자신을 알라' 는 말에서 먼저 자신의 무지(無知)를 아는 것이 중요하다고 했다. 왜냐하면 인간의 지혜는 신의 그것에 비하면 보잘 것 없으며, 따라서 무지를 아는 것이야말로 자신들에게 내재된 지혜를 발견할 수 있는 철학적 사고의 출발점이라고 말할 수 있다. 소크라테스에 따르면, 인간은 대화를 통해 '나 자신이 제대로 아는 것이 없음'을 제대로 알도록 해야 하며 내 자신의 무지를 깨닫는 것이야말로 참된 지혜라고 피력했다.

현대 사회에서도 우리는 모름을 인정하지 않고 아는 척, 진리를 깨우친 척 과장하는 이들을 쉽게 만날 수 있다. 그러나 이들은 자신들의 존재 의미로써 부여된 궁극적인 근거에 대해, 자신의 한계를 깨닫고 그것을 되묻는 것이 무엇보다 귀중하다는 사실을 깨달아야 한다.

주 제 탐 구 **03강** 페리클레스와 소크라테스

case 1 ☞ 페리클레스 연설 속에 나타난 아테네인들의 시민 정신

아테네인들의 시민 정신은 민주정이라고 하는 정체를 통해서 이룩하였다. 민주시민으로서 그들은 자유롭고 개방적이다. 사적인 영역에서는 법 앞에 평등한 시민으로서 서로를 깊이 존중하며, 공적인 영역에서는 시민이면 누구나 평등하게 정치 행위를 한다. 아테네 시민들은 그들의 도시를 사랑했다. 그래서 시민들은 정치 행위를 통해 법을 스스로 만들고 스스로 용감하게 지키려고 했다.

☞ 소크라테스의 시민 정신

소크라테스의 동료 시민들에 대한 헌신과 희생은 반대자를 공격하며 정치적으로 살아 남기 위한 필요성 때문이 아니었다. 정치의 영역은 법의 테두리와 도시의 성벽으로 구성되어 있다. 사생활의 영역에서 자유롭고 너그러운 태도를 견지할 뿐만 아니라 정치 생활도 자유롭고 개방적인 일상생활을 누리는 것이 소크라테스의 시민 정신이다. 그들 사이에 공유하는 것을 대화로 나눔으로써 시민들은 그들 서로 간에 진실을 이해할 뿐만 아니라 정치적 평등의 함축적 의미를 더욱 깨닫게 되고 평등함을 창조하게 된다.

Abitur

철학자가 들려주는 철학이야기 012

벤담이 들려주는 최대 다수의 최대 행복 이야기

저자_최지윤
고려대학교 철학과 박사 과정을 수료하였고, 어린이철학연구소 강사 및 교재 집필을 했으며, 현재
대진대학교에 출강하고 있다.

공리주의

벤담의 〈공리주의〉

1 쾌락과 고통

공리주의는 쾌락을 '선'으로 고통을 '악'으로 보는 윤리적 입장이다. 다른 어떤 것의 수단으로서 좋은 것이 아니라 그 자체로 좋은 것을 '본래적 가치'를 가진 것이라고 말할 수 있다. 즉 본래적 가치란 더 높은 목적의 수단으로서가 아니라 목적 자체로서 가지는 가치를 의미한다. 공리주의는 본래적 가치로 '쾌락'을 말한다. 그리고 이러한 쾌락과 반대되는 경험으로 고통을 말하며, 어떤 행위가 낳는 결과로 고통이 크다면 그 행위는 해서는 안 되는 행위라고 규정하고 있다. 이러한 쾌락주의적 공리주의의 기본 규범은 다음과 같다. 만약 한 행위가 쾌락을 가져다준다면(또는 고통을 막는다면) 그것은 옳다. 그러나 고통을 초래한다면(또는 쾌락의 초래를 막는다면) 그 행위는 그르다. 행복주의적 공리주의의 기본 규범은 위의 쾌락주의적 공리주의의 규범에서 '쾌락'을 '행복'으로, '고통'을 '불행'으로 바꾸어 놓기만 하면 된다.

2 공리주의의 기본 입장

우리가 어떻게 살아야 하는지, 즉 어떤 선택 상황에서 무엇을 해야 하고 또는 하지 말아야 하는지를 결정할 수 있는 도덕적 표준과 행위의 규칙을 제시하는 이론이 바로 규범 윤리이다. 규범 윤리 중 하나인 공리주의는 만약 한 사람이 어떤 행위를 할 경우 좋은 결과를 낳는다면, 또는 만약 모든 사람이 그 행위를 할 경우 좋은 결과를 낳는다면 그 행위는 도덕적으로 옳다고 주장한다. 어느 경우든 결국 그 행위를 옳거나 또는 그르게 하는 것은 바로 그 행위가 갖는 결과의 좋고 나쁨이다.

공리주의 윤리학의 기본 생각은 그 이름이 나타내는 바와 같이 유용성의 개념, 즉 만약 한 행위가 유용하다면 그 행위는 옳다는 것이다. 이렇게 말하면 그 행위가 어떤 목적에 유용한가를 물을 수 있다. 왜냐하면 어떤 것이 수단이 되는 그 목적을 모른다면 우리는 그 수단이 유용한지 그렇지 않은지를 결정할 방법을 모르기 때문이다. 이러한 물음에 대한 공리주의자들의 대답은 바람직하거나 또는 좋은 목적, 즉 본래적 가치를 갖는 목적을 달성하는 데 유용할 때 그 행위는 옳다고 답변한다.

공리주의 윤리학의 기본 원리는 옳은 것은 좋은 것에 의존한다는 것이다. 한 행위가 도덕적으로 옳은가는 그 행위의 결과가 무엇인지 찾아내고 또 그것이 본래적으로 좋은지 또는 나쁜지를 결정함으로써만 알 수 있다는 것이다. 그렇다면 공리주의자들이 옳은 행위의 결과를 좋다고 판단하는 본래적 가치의 표준은 무엇일까? 이에 대해 공리주의자들은 두 가지 다른 대답을 했다. 벤담과 같은 사람들은 '쾌락' 이라고 했고, 밀은 '행복' 이라고 말했다. 벤담은 '쾌락' 이 곧 '행복' 이라고 여긴 반면 밀은 행복이란 단순히 쾌락의 종합은 아니라고 했다. 이에 따라 벤담은 '쾌락주의적 공리주의' 로, 밀은 '행복주의적 공리주의' 로 분류될 수 있다.

공리주의에 의하면 그것이 쾌락주의적이든 행복주의적이든 행위의 결과를 판단할 가치의 표준은 반드시 공평하고 보편적으로 적용되어야 한다. 즉 결과의 긍정적 혹은 부정적 가치를 계산할 때, 한 사람의 쾌락(또는 행복)은 다른 사람의 쾌락과 똑같이 계산되어야 한다. 공리주의자의 입장에서 볼 때 모든 인간은 그들의 이익을 충족하는 데 있어서 똑같은 권리를 갖는다. 이런 점에서 공리주의를 보편주의라고 할 수 있다.

우리는 어떤 행위를 평가할 때 그 행위의 동기와 결과를 고려해서 판단한다. 그런데 특정 윤리 체계에서는 동기를 중요시하기도 하고 혹은 결과를 중요시하기도 한다. 공리주의는 어떠한 행위도 그 자체로 도덕적으로 옳거나 그르다고 판단할 수 없다. 공리주의는 행위 자체를 평가하는 것이 아니라, 혹은 행위의 동기로서 행위를 평가하는 것이 아니라, 그 행위에 따른 결과에 의해 도덕적으로 허용할 수 있는 행위와 허용할 수 없는 행위를 구별한다. 이런 점에서 공리주의는 결과주의라고 할 수 있다.

공리주의는 최대 다수의 최대 행복을 이상으로 삼고 있다. 최대 다수의 최대 행복은 다른 말로 하면 '공공의 행복' 이라고 할 수 있다. 벤담은 최대 다수의 최대 행복을 그의 모든 이론의 기초로 삼고 있다. 다시 말해 벤담을 포함한 공리주의자들은 최대한 많은 사람들이 가장 커다란 행복을 얻는 것을 지상 최대의 과제로 삼고 있다는 것이다.

벤담은 사람이 어떤 행위를 할 때 쾌락이 따르면 행위를 하고, 고통이 따르면 그 행위를 하지 말아야 한다고 주장한다. 그런데 사람들이 어떤 행위를 하고 안 하고

의 결정은 개인의 쾌락과 고통으로 결정하는 것이 아니라, 최대 다수, 즉 우리의 쾌락과 고통으로 결정해야 한다. 사람들은 결국 자신의 고통과 쾌락에 따라 행위를 하지만, 다른 사람을 고려할 수밖에 없다. 왜냐하면 공리주의는 나와 타인의 가치를 동등하게 보기 때문에 나의 행위가 타인에게 어떤 식으로든 영향을 미친다면 그 영향에 대해서도 고려해야 하기 때문이다. 내가 어떤 행위를 선택할 것인가에서 오로지 나만이 고려 대상이라고 한다면 공리주의는 최대 다수의 최대 행복을 목표로 할 수 없을 것이다. 그러나 나와 타인을 동시에 고려해야 한다는 공리주의의 원리에 따르면 어떠한 행위이든 그 결과가 많은 이들에게 최대한 많은 행복을 가져올 수 있도록 해야 한다는 것을 주장할 수 있다.

3 공리주의 종류

벤담은 공리주의가 목표로 하는 최대 다수의 최대 행복이 "개인 생활의 목표는 행복이고, 따라서 개인의 기계적 총계인 사회에 있어 행복이라는 것은 최대 다수가 그것을 향수(享受)할 수 있는 것이다"라고 하였다. 이에 대해 밀은 벤담의 쾌락설을 인정하면서도 그가 쾌락의 질적 차이를 무시하고 있음을 비판하고, 사람은 때로는 보다 낮은 쾌락을 선택할 수도 있다고 주장한다.

– 관련 기출 문제: 중학교 3학년 《도덕》 교과서 참고

벤담은 사회를 개인의 기계적인 합이라고 보고 있다. 그리고 이러한 사회를 구성

하는 개인들의 쾌락 역시 개개의 쾌락들의 합이다. 벤담의 쾌락 계산법에서 한 가지 예를 들어 보면 벤담은 쾌락이 많으면 많을수록 좋은 쾌락이라고 했다. 따라서 쾌락의 양이 늘어날수록 행복이 커진다고 할 수 있다. 그래서 벤담은 가장 많은 사람들에게 가장 많은 행복이 돌아갈 수 있도록 도덕과 법을 정리하고자 했다.

과연 쾌락의 양이 많다고 해서 좋은 쾌락이라고 할 수 있을까? 밀은 어떤 쾌락이 다른 쾌락보다 질적으로 낫거나 낫지 않다고 주장한다. 즉 쾌락의 종류는 구별될 수 있고 어떤 쾌락은 다른 쾌락보다 좋은 쾌락일 수 있다는 것이다. 밀은 궁극적으로 우리가 추구해야 할 것은 단순히 쾌락이 아니라 행복이라고 말하면서 쾌락과 행복을 똑같다고 생각한 벤담의 주장에 반대했다.

그런데 이렇게 쾌락의 질을 구별하기 위해서는 경험이 중요하다. 사람들은 여러 가지 쾌락을 느끼면서 행복을 추구한다. 이런 여러 가지 쾌락에는 분명히 아주 나쁜 쾌락에서부터 아주 좋은 쾌락까지 여러 가지의 쾌락이 있다. 모든 사람은 자신만의 품위와 인격이 있다. 사람들이 자신의 품위와 인격에 맞는 쾌락을 경험을 통해서 얻는다면, 그 쾌락은 질 높은 쾌락이라고 할 수 있다. 결국 육체적인 쾌락은 질이 낮은 쾌락이며, 정신적은 쾌락은 질이 높고 고상한 쾌락이라고 할 수 있다. 정신적인 쾌락이야말로 모든 사람을 오랫동안 행복하게 해 주며, 개인의 행복뿐 아니라 다른 사람의 행복에도 많은 영향을 미칠 수 있다. 그래서 질적인 쾌락의 중요성을 강조한 밀은 다음과 같은 유명한 말을 남기기도 했다.

"만족한 돼지보다는 만족하지 못하는 인간이 더 낫고, 만족한 바보보다는 만족하지 못하는 소크라테스가 더 좋다."

◢4◣ 공리 계산법

이제 우리는 공리주의가 쾌락을 추구하고 고통을 피하는 것을 핵심으로 하는 윤리 이론임을 알게 되었다. 그런데 어떤 행위의 결과로 나타나는 쾌락과 고통을 어떻게 측정해야 하는 것일까? 벤담은 쾌락을 수학적으로 계산할 수 있다고 보았다. 이렇게 볼 수 있는 것은 벤담은 쾌락의 종류를 구분하지 않고 쾌락의 양만을 고려했기 때문이다.

벤담이 제시한 쾌락 계산법은 다음의 일곱 가지 기준에 의한 것이다. 이는 우리들의 상식과 크게 다르지 않은 기준들이다.

① '얼마나 강렬하게 쾌락을 느끼게 하느냐' 라는 강렬도

② '얼마나 오랫동안 쾌락을 안겨 주느냐' 라는 지속도

③ '얼마만큼 확실하게 쾌락을 안겨 주느냐' 라는 확실도

④ '얼마만큼 가까운 시일 내에 쾌락을 느끼게 하느냐' 라는 신속도

⑤ '어떤 행위가 계속해서 좋은 결과를 낳는가' 하는 다산(多産)도

⑥ '어떤 것이 좋은 결과만을 낳고 고통을 수반하지 않을 것인가' 하는 순수도

⑦ '얼마만큼 많은 사람들에게 영향을 미치게 될 것인가' 하는 광(廣)도

이러한 일곱 가지 쾌락 계산의 기준은 각각 다음과 같이 그 특징을 정리할 수 있다.

①과 ②: 현재 느끼고 있는 쾌락과 고통의 가치를 평가하는 기준, 즉 그것들이 얼마나, 언제까지 지속되는가를 판정하는 것이다.

③과 ④: 앞으로 느끼게 될 쾌락과 고통의 가치를 판정하는 기준, 즉 확실히 얻어지는 쾌락은 불확실한 쾌락보다 바람직하며, 멀리 있는 쾌락보다는 가까이 있는 쾌락일수록 더 큰 가치가 있다는 것이다.

⑤와 ⑥: 행위 또는 사건의 평가에 사용되는 기준으로 어떤 행위가 계속해서 좋은 결과를 낳을 때에는 다산도가 있다고 하여 칭찬을 받게 된다. 또한 어떤 행위가 계속해서 좋은 결과만을 낳고 고통이 섞여 있지 않을 때에는 순수도가 높다고 하며, 그렇지 못한 경우에는 순수성이 없다고 한다.

⑦: 이상 여섯 가지의 기준이 한 사람, 한 사람의 낱낱의 쾌락과 고통을 계산하는 기준이라면, 다수인 경우에는 여섯 가지 기준 외에 '광도'를 고려해야 한다. 즉 쾌락과 고통이 얼마만큼 많은 사람들에게 영향을 미치는지 그 범위를 계산해야 한다는 것이다.

01강 벤담이 말하는 쾌락주의적 공리주의란 무엇인가?

case 1 벤담은 공리주의를 주장한 사람이다. 다음 글을 읽고 그가 공리주의를 주장하기 위해 먼저 쾌락과 고통에 대해 어떤 주장을 이끌어 내는가에 대해 논술하시오.

벤담은 〈정부론 단편〉의 서문에서 자신의 기본 공리는 '옳고 그름을 판단하는 척도는 최대 다수의 최대 행복이다'라고 밝히며, 이것을 공리성의 원리 혹은 공리주의라고 했다. 공리성의 원리는 쾌락주의와 최대 행복의 원리로 분해될 수 있다. 벤담은 다음과 같이 주장한다.

"자연은 인류를 고통과 쾌락이라는 두 주권자의 지배하에 두어 왔다. 우리들이 무엇을 하지 않으면 안 되는가를 지시하고, 또 우리들이 무엇을 할 것인가를 결정하는 것은 다만 고통과 쾌락뿐이다."

즉 인간은 심리적으로 고통을 피하고 쾌락을 구하게 되어 있으며, 따라서 고통은 유일한 악이고 쾌락은 유일한 선이라는 것이다. 그래서 그는 공리성의 원리를 다음과 같이 정의하였다.

"공리성의 원리란 그 이익이 문제되어 있는 사람들의 행복을 증대시키는 것처럼 보이는가, 또는 감소시키는 것처럼 보이는가 하는 경향에 의하여 …… 모든 행위를 시인하고 부인하는 원리를 의미한다."

쾌락이 유일한 선이라는 쾌락주의는 벤담의 독창적인 사상이 아니고 18세기 영국 도덕 철학에 있어서 일반적으로 합의된 공리였다고 한다. 그래서 벤담 자신도 그것을 확신한 나머지 철학적으로 논증하는 것보다 구체적인 사회 문제에 적용하는 데 관심을 기울였다.

벤담이 말하는 쾌락과 고통이란 어떤 것인가? 쾌락에는 감각의 쾌락, 부의 쾌락, 숙련의 쾌락, 친목의 쾌락, 명성의 쾌락, 권력의 쾌락, 경건의 쾌락, 자비심의 쾌락, 악의의 쾌락, 기억의 쾌락, 상상의 쾌락, 기대의 쾌락, 연상의 쾌락, 고통 경감의 쾌락 등이 있으며, 고통에도 거의 유사한 목록이 있다. 벤담은 이러한 여러 가지 종류의 쾌락과 고통의 질적인 차이를 인정하지 않는다. 경건의 쾌락, 자비심의 쾌락 등의 고등 쾌락과 악의 쾌락 같은 저급 쾌락의 질적 차이를 인정하지 않는다. 모든 쾌락은 질적으로는 동일하며 단지 양적으로만 다를 뿐이라는 것이다.

– 《벤담이 들려주는 최대 다수의 최대 행복 이야기》 중에서

생각 쓰기

02_강 쾌락은 '선', 고통은 '악'

case 1 아래 글을 읽고 쾌락과 고통에 대해 벤담은 어떻게 생각했는지를 살펴보고, 공리주의 입장에서 우리가 어떤 행위를 할 때 고려해야 하는 대상이 왜 동물까지도 확장될 수 있는지 함께 서술하시오.

㉮ "벤담, 너에게 한 가지만 물어볼게. 사냥 대회를 왜 그렇게 싫어하는 거야?"

"나는 고통을 싫어해. 세상에서 제일 나쁜 짓은 바로 고통을 주는 일이야."

"고통?"

"그래. 사냥이나 낚시나 동물들에게 고통을 주는 일이잖아? 적은 수의 사람들이 즐거움을 누리려고 많은 동물들에게 고통을 주는 것은 악이라고 생각해."

우리 셋은 벤담의 말에 귀 기울였어. 벤담이라는 유명한 철학자가 직접 가르쳐 주는 기회는 또 없으니 말이야.

"그건 그렇지. 그럼 네 말에 따르면 사냥이나 낚시를 즐기는 게 나쁘다는 말이야?"

"응, 나는 그렇게 생각해. 사실 난 태어날 때부터 허약한 체질이었어. 그래서 병도 자주 걸리고 자주 아팠지. 내가 많이 아파 봐서 아는데 고통은 정말 끔찍한 거야. 그런데 단지 즐거움을 누리기 위해 사냥을 한다니 그건 정말 이기적인 생각이야."

우리는 벤담의 말을 이해할 수 있었어. 아마 이런 생각은 훗날 벤담이 공리주의를 주장하는 데 밑거름이 되었을 거야.

"그럼, 벤담 너는 고통의 반대말이 뭐라고 생각하니? 고통이 악이라면 반대로 좋은 것도 있어야 하지 않겠니?"

"저는 쾌락이라고 생각해요."

벤담이 베컴 아저씨에게 존댓말로 대답했어.

"쾌락?"

"예. 저는 사람이 착한 일을 하면 쾌락이 나오고, 잘못된 일을 하면 고통이 나온다고 생각해요."

- 《벤담이 들려주는 최대 다수의 최대 행복 이야기》 중에서

❹ 인간을 제외한 동물들이 폭군이 아니고서는 결코 빼앗아 갈 수 없는 권리를 획득할 날이 올지도 모른다. 프랑스 사람들은 피부가 검다는 것이 한 인간에게 고통을 주고도 보상 없이 방치해도 좋은 이유가 되지 않는다는 것을 이미 발견했다. 다리의 수, 피부의 털, 꼬리뼈의 생김새가 감각적인 존재를 동일한 운명에 처하게 할 만한 충분한 이유가 아니라는 사실을 언젠가는 깨닫게 될 것이다. 그 외에 무엇이 뛰어넘을 수 없는 경계선이 되겠는가? 이성의 능력인가? 또는 대화의 능력인가? 그러나 충분히 성장한 말이나 개는 갓난아이와는 비교할 수 없을 정도로 합리적이고 말이 더 잘 통한다. 그렇지 않다고 하더라도 무엇이 더 필요한가? 문제는 그들이 사

유할 수 있는지 또는 말할 수 있는지가 아니라 그들이 고통을 느낄 수 있는가 하는 것이다.

– 벤담의 《도덕과 입법 원리 입문》 17장 1절 참고

생각 쓰기

고통의 반대말은 쾌락이다. 사람이 착한 일을 하면 쾌락이 나오고 잘못된 일을
하면 고통이 나온다. 그렇기 때문에 쾌락이라는 결과를 낳는 행위는 착한 행위이
고 고통이 나오는 결과를 낳는 행위는 악한 행위이다. 문제는 어떤 행위가 낳는 결
과가 동기보다 중요하다는 것이다. 어떤 사람이 착한 의도로 행동했지만 그 결과
가 고통을 낳는다면 이것은 공리주의자의 입장에서 볼 때 해서는 안 되는 행위이
다. 선한 행위는 세상에 많은 행복을 가져다주고 악한 행위는 불행을 가져다준다
는 데서 동기가 아닌 결과에 주목해야 한다. 그런데 쾌락과 고통은 누구나 겪는 경
험이다. '나' 만이 쾌락과 고통을 느끼는 존재가 아니라는 말이다. 따라서 쾌락과
고통의 양을 비교할 때 우리는 '나' 만이 아니라 다른 사람의 쾌락과 고통도 따져
볼 수 있어야 한다. 그래서 우리가 어떤 행위를 할 때는 보다 많은 양의 쾌락을 낳
는 행위를 해야 하고, 많은 사람들에게 그 이익이 돌아가도록 해야 한다. 이런 점
에서 공리주의는 '최대 다수의 최대 행복' 을 주장하는 이론이다.

㉮ 쾌락주의

㉯ 동기주의

다 보편주의

라 결과주의

마 이기주의

1 동기와 결과

어떤 행위를 평가할 때는 행위자의 의도가 무엇이었는가, 그리고 그 행위에 따른 결과가 무엇이었느냐를 고려한다. 이때 의도의 중요성을 강조하는 윤리적 입장이 있는가 하면 의도보다는 행위의 결과가 중요하다고 보는 윤리적 입장이 있다. 칸트와 같은 의무론적 윤리를 주장하는 입장에서는 행위의 결과보다는 의도의 중요성을 강조한다. 따라서 어떤 행위는 그 자체로 옳고, 그른 행위가 있다. 반면 공리주의와 같은 결과론적 윤리를 주장하는 입장에서는 행위 자체를 평가하기보다는 행위가 낳은 결과가 쾌락을 낳느냐 고통을 낳느냐에 따라 옳고, 그른 행위로 평가할 수 있는 것이다.

2 이기주의

모든 행위의 이면에는 이타적이라고 보이는 행위일지라도 항상 자기 이익을 추구하려는 동기가 있다는 것이 이기주의의 기본 입장이다. 이는 자신의 이익을 타인의 이익보다 우선시하는 입장이다. 이기주의는 심리적 이기주의와 윤리학적 이기주의로 크게 나뉠 수 있다. 보통 둘을 구분하지 않는 경우가 흔한데 사실상 엄연히 다른 이론이라고 할 수 있다. 심리적 이기주의는 인간의 동기와 행위에 대한 사실적인 이론으로 모든 사람들이 실제로 어떤 목적을 추구하고 있는가를 말해 준다. 반면 윤리학적 이기주의는 모든 사람들이 어떠한 목적을 추구해야 하는가를 말해 준다. 즉 하나의 규범으로 사람들이 어떻게 행동해야 하는가를 결정할 표준이나 원리를 제시하는 것이다.

03강 공리주의의 종류와 계산법

case 1 사람들이 모두 같은 것에 대해 쾌락을 느끼고, 고통을 느낀다면 어떤 행위를 할 것인지 결정하기가 무척 쉬워질 것이다. 그런데 실제로 쾌락과 고통이 사람마다 모두 똑같을까? 다음 글을 읽고 무엇이 문제인지 함께 생각해 보고, 이에 따라 공리주의를 어떻게 구분할 수 있는지 논술하시오.

"밀은 쾌락을 양으로만 따질 게 아니라 질로도 따져야 한다고 주장했어. 벤담은 쾌락에는 여러 종류가 있다고 했지만 우선순위를 두지는 않았어. 잠을 자서 얻는 쾌락과, 책을 한 권 썼을 때 얻는 쾌락의 질이 같다고 생각했지. 너희는 어떻게 생각하니?"

나는 내가 나설 때라고 생각했어. 해리만 이해한 게 아니라 나도 제대로 이해했다는 걸 보여 주고 싶었지.

"아저씨 말을 듣고 보니까 좀 이상한 것 같아요. 저는 책을 써 본 적은 없지만, 학교에서 독서 감상문을 잘 써서 선생님께 칭찬을 받고 느끼는 쾌락과 낮잠을 달콤하게 자고 나서 얻는 쾌락은 좀 다른 것 같아요."

"어떻게 다르다고 생각하는데?"

"뭐랄까? 독서 감상문을 써서 얻는 쾌락이 좀 더 수준 높게 느껴져요."

"그래, 밀은 바로 그걸 주장한 거야. 쾌락에도 등급이 있다고 생각했지. 감각으로 느낄 수 있는 쾌락, 즉 먹는 것, 자는 것에서 오는 쾌락보다는 정신적인 쾌락이 더 수준 높은 것이라고 말했어. 그리고 인간은 항상 더 높은 수준의 쾌락을 원할 거라고 했지."

"저는 무엇보다 맛있는 걸 먹고 느끼는 쾌락이 제일 좋던데요?"

해리는 볼멘소리로 대꾸했어. 나와 아저씨는 해리를 미처 생각하지 못한 게 너무 미안해서 어색하게 웃고 말았지.

– 《벤담이 들려주는 최대 다수의 최대 행복 이야기》 중에서

㉮ '얼마나 강렬하게 쾌락을 느끼게 하느냐' 라는 강렬도

에티오피아 난민에게 구호물자를 보낸다고 가정해 보자. 공리주의적 관점에서
보았을 때 옷을 보내는 것이 올바른 행동일까, 아니면 식량을 보내는 것이 올바른
행동일까? 반면 잘 먹고 잘사는 아이에게 선물을 보낸다고 가정해 보자. 공리주의
적 관점에서 보았을 때 옷을 보내는 것이 올바른 행동일까, 아니면 식량을 보내는
것이 올바른 행동일까?

㉯ '얼마나 오랫동안 쾌락을 안겨 주느냐' 라는 지속도

아이를 키우고 있는 부모 입장에서 그 아이가 제멋대로 행동할 때 이 아이를 어
떻게 다루어야 할까? 제멋대로 행동하도록 내버려 두는 것이 나을까 아니면 냉정
하더라도 아이의 말을 선택적으로 들어주는 것이 나을까?

㉰ '얼마만큼 가까운 시일 내에 쾌락을 느끼게 하느냐' 라는 신속도

수해가 나서 강원도 지역 주민들이 큰 고통을 겪고 있다. 수해와 관련한 장기적
인 대책을 마련하는 것이 좋을까, 당장 수재민들의 생계유지 및 고통 경감을 위한
대책을 세우는 것이 좋을까?

생각 쓰기

쾌락 계산법

어떤 행위가 쾌락을 낳고 어떤 행위가 고통을 낳느냐는 행위만 놓고는 단순하게 비교해서 쾌락의 양을 알아낼 수 없을 것이다. 사람의 숫자와 유용성에 따라 쾌락의 양과 고통의 양이 달라질 수 있기 때문이다. 따라서 쾌락의 양과 고통의 양을 비교하기 위해서는 계산을 할 수 있는 방법이 필요하다. 이것이 바로 쾌락 계산법이고 벤담은 '사람 수×유용성=개인이 느끼는 쾌락의 양' 이라고 설명했다.

또한 이러한 쾌락 계산법에 더해 쾌락과 고통의 양을 비교할 수 있는 기준이 있다고 벤담은 말한다. 이는 "① '얼마나 강렬하게 쾌락을 느끼게 하느냐' 라는 강렬도 ② '얼마나 오랫동안 쾌락을 안겨 주느냐' 라는 지속도 ③ '얼마만큼 확실하게 쾌락을 안겨 주느냐' 라는 확실도 ④ '얼마만큼 가까운 시일 내에 쾌락을 느끼게 하느냐' 라는 신속도 ⑤ '어떤 행위가 계속해서 좋은 결과를 주는가' 하는 다산(多産)도 ⑥ '어떤 것이 좋은 결과만을 낳고 고통을 수반하지 않을 것인가' 하는 순수도 ⑦ '얼마만큼 많은 사람들에게 영향을 미치게 될 것인가' 하는 광(廣)도" 이다.

04 _강 법과 공리주의

case 1 다음 글을 읽고 법과 공리주의는 어떤 관련이 있는지, 또 이에 대해 여러분의 생각은 어떠한지 논술하시오.

"만약 네가 한 일이 너에게는 즐거움을 주지만 공공에는 고통을 준다면 어떻게 하겠니?"

"네?"

전혀 예상하지 못한 질문을 받자 난 쉽게 대답할 수가 없었어.

"만약에 네가 공중목욕탕에 갔다고 하자. 너는 넓은 탕에서 물장구를 치고 싶은데 그렇게 되면 주위에 있는 다른 사람들이 차가운 물세례를 받게 되지. 그럴 때 너는 물장구를 치겠니, 치지 않겠니?"

"음…… 글쎄요. 원래 그러면 안 되긴 하지만……."

나는 머뭇거렸어. 왜냐하면 사실 목욕탕에서 물장구를 치고 논 적이 많았거든. 아저씨가 그걸 알고 물어본 걸까? 난 얼굴이 화끈거렸어. 내가 대답하지 못하고 있자 아저씨가 다시 물었어.

"이건 반대되는 질문인데, 만약에 네가 하는 행동이 너에게는 고통스럽지만 공공의 행복이 되는 일이라면 어떻게 하겠니?"

"······."

갈수록 어려운 질문뿐이었어.

"해리, 너는 어떻게 하겠니?"

"어렵습니다. 선생님, 저는 그렇게까지는 못할 것 같아요."

(······)

"법을 만드는 사람들이 법을 만들 때, 개인의 행복과 공공의 행복을 함께 생각해야 한다는 거야. 나도 그렇지만 너희들도 같은 생각을 한다고 믿어. 너희들은 공공의 이익과 개인의 이익 중에서 무엇이 먼저라고 생각하니? 난 개인의 이익이 우선이라고 생각해. 내 이익이나 쾌락이 곧 내 행복 아니겠니? 벤담도 그걸 인정하고 있어. 즉 보통 사람이라면 자기의 이익을 다른 사람의 이익보다 중요한 거라고 생각할 거야. 그러나 법을 만드는 사람은 개인의 이익보다는 공공의 이익을 생각하고 법을 만들어야겠지."

나는 안심했어. 나뿐만 아니라 다른 사람들도 자신의 행복을 가장 소중하게 여기겠지?

"그런데 여기에도 문제가 있어. 법이 모든 사람을 행복하게 해 줄 수 있을까?"

"그럴 수는 없겠죠."

"그래, 내가 예를 하나 들어 볼게. 대한민국에서는 도둑질을 하면 감옥에 가게 되지. 도둑이 감옥에 가면 도둑을 뺀 나머지 많은 사람들은 안심하고 밤에 잠들 수 있겠지? 그런데 여기에서 행복하지 않은 사람이 있어. 그게 누굴까?"

나는 자신 있게 손을 들었어.

"해리 양, 말해 봐요."

"바로 도둑 자신입니다."

"맞아. 도둑은 감옥에 가기 때문에 행복하지 않겠지. 이런 경우엔 어떻게 하는 게 좋을까?"

"당연히 도둑은 행복하지 않더라도 다른 많은 사람들이 행복할 수 있도록 도둑을 감옥에 가둬야겠죠."

"그렇겠지? 이게 바로 최대 다수의 최대 행복이라는 거야. 물론 어떤 법이나 제도가 모든 사람을 행복하게 만들어 줄 수는 없어. 하지만 되도록 많은 사람들이 행복해질 수 있도록 법을 만들어야 한다는 거지."

–《벤담이 들려주는 최대 다수의 최대 행복 이야기》 중에서

생각 쓰기

----

1 법과 도덕

　　법에는 도덕의 많은 부분이 수용되어 있다. 자유의 불가침성, 생명의 신성성, 계약 이행에 대한 신뢰 등 윤리에 침전되어 있는 공동체의 근본 가치를 실현하는 것은 법의 중요한 임무 중 하나이다. 따라서 많은 경우에 법과 도덕은 그 내용이 일치한다. 예를 들어 무고한 사람을 죽이지 말라는 도덕적 명령은 곧 법의 내용이다.(형법 제 250조) 이러한 법은 도덕과 비슷한 정도의 중요성을 가진다고 할 수 있지만 결국 도덕규범이 법규범보다 더 중요하다는 것을 알아야 한다. 왜냐하면 도덕은 법을 비판할 수 있는 반면, 법은 도덕을 비판하지 못하기 때문이다. 도덕적 원칙이 잘못되었을 때는 법으로 그것을 비판하는 것이 아니라 다른 도덕 원칙을 가지고 그것을 비판하게 된다. 도덕을 교정하는 것은 법이 아니라 도덕 자체의 원칙이다.

2 최대 다수의 최대 행복

　　사람들 간의 유용성(복지)은 때때로 충돌할 경우가 있다. 따라서 우리가 할 수 있는 최선의 행위는 최대의 유용성을 낳는 행위여야 한다. 최대 다수의 최대 행복이란, 다른 말로 하면 공공의 행복이라고 할 수 있다. 즉 어떤 행위를 할 것인지, 하지 말 것인지를 결정하는 것은 개인의 쾌락과 고통만으로 계산하는 것이 아니라, 최대 다수, 즉 우리의 쾌락과 고통으로 결정해야 한다는 것이다. 그렇다면 최대 다수의 최대 행복이란 결국 사람이 서로 고통과 쾌락을 나누면서 공공의 이익과 행복을 위해 양보하며 사는 것이라고 할 수 있을 것이다.

아비투어 철학 논술

예시 답안

case 1 벤담의 주장을 살펴보면 총체적으로 두 가지 명제를 제시하고 있다는 것을 알 수 있다. 첫째, 심리적으로 인간의 모든 행동의 원인은 쾌락 추구와 고통 회피로 환원될 수 있다는 명제이다. 둘째, 첫째 명제로부터 바로 고통이 유일한 악이요, 쾌락은 유일한 선이라는 가치 판단을 도출한다. 공리주의를 주장한 벤담은 이렇듯 인간은 쾌락을 추구하고 고통을 회피하는 존재로 이로부터 쾌락은 '선' 이요, 고통은 '악' 이라는 기본 입장을 이끌어 내고 있다.

주 제 탐 구 **02**강 쾌락은 '선' , 고통은 '악'

case 1 글 ㉮에서 벤담은 쾌락은 선, 고통은 악이라고 보고 있다. 즉 어떤 행위의 결과가 쾌락을 낳는다면 그 행위는 선한 것이라고 보고, 고통을 낳는다면 그 행위는 악한 것으로, 해서는 안 되는 행위라고 주장하고 있다. 벤담은 쾌락이 곧 행복이요, 고통이 곧 불행이라고 보는 입장으로 쾌락과 선, 행복을 동일하게 보고 있다. 이런 점에서 벤담의 공리주의를 '쾌락주의' 라고 말할 수 있다.

㉯에서 벤담은 고통을 느끼는 능력과 쾌락을 느끼는 능력을 한 존재가 공리주의적 관점으로부터 고려될 수 있는지에 대한 자격 조건으로 삼고 있다. 고통과 쾌락을 느

끼는 능력은 언어 구사 능력 또는 더 고차원적인 수학 풀이 능력과 같은 특성이 아니며 이러한 능력은 윤리적 고려 사항에 관한 어떤 주장을 하기 위한 전제 조건이다. 돌멩이는 엄밀히 말하면 고통과 쾌락을 느낄 수 없기 때문에 그러한 주장을 하지 못한다. 동물들은 고통과 쾌락을 느낄 수 있기 때문에 그러한 주장을 할 수 있다. 그러므로 공리주의 계산법에서 인간만을 고려해야 한다는 당위성은 없다고 할 수 있다. 이러한 입장을 발전시킨 사람이 바로 동물의 권리를 옹호하는 공리주의자인 피터 싱어(P. Singer)이다.

case 2 공리주의에 해당하는 항목은 ㉮, ㉰, ㉱이다. 공리주의는 쾌락을 선, 행복으로 고통을 악, 불행으로 보는 입장이란 점에서 쾌락주의이다. 또한 공리주의는 개인의 이익과 타인의 이익을 동일시함으로써 그 적용이 보편적이어야 한다는 입장이므로 보편주의라고 할 수 있다. 나아가 공리주의는 행위의 동기보다 결과를 중요시하는 입장으로 행위 자체를 옳다, 그르다로 평가하는 것이 아니라 행위가 낳은 결과가 쾌락인가 고통인가로 그 행위를 평가한다는 점에서 결과주의라고 할 수 있다.

주 제 탐 구 **03**강 공리주의의 종류와 계산법

case 1 벤담은 쾌락의 양이 중요한 것이지 쾌락의 종류를 나누거나 등급을 매기는 것은 무의미하다고 말한다. 반면 공리주의 철학자 밀은 본래적 가치의 진

정한 척도는 단지 쾌락의 양뿐만 아니라 쾌락의 질도 포함한다는 것을 주장한다. 쾌락의 양은 어떤 사람이 어떤 것으로부터 얼마나 많은 만족 또는 즐거움을 얻느냐의 문제이고 쾌락의 질은 그 얻어지는 만족 또는 즐거움의 종류와 관계가 있다. 밀은 비록 두 쾌락이 양적으로는 똑같다고 하더라도 한 쾌락이 다른 쾌락보다 더 큰 본래적 가치를 가질 수 있다고 주장한다. 이는 하나가 다른 하나보다 더 높은 질을 가지고 있을 경우이다. 만약 진정 양과 질 사이에 갈등이 있고 또 양적으로 더 큰 쾌락이 질적으로는 더 낮거나 또는 양적으로 더 적은 쾌락이 질적으로 더 높을 경우, 밀에 의하면 본래적 가치의 근거로서 질이 양보다 더 큰 비중을 갖는다. 이렇게 밀은 질적 공리주의를 주장하면서 양적인 공리주의와 쾌락 측정 방법을 포기하고 인간으로서 가질 수 있는 질적인 쾌락을 고려하였다. 대다수의 사람들은 단순히 자신의 물질적인 이익만을 추구하는 존재가 아니라 수재민들과 주변에 많은 어려운 사람들을 배려할 수 있는 사회성을 가진 존재라는 것이다. 사회성을 가지게 된다는 것은 사회에서의 평등이나 정의라는 가치를 양양할 수 있는 존엄한 존재가 되는 것이다. 이러한 사회성이라는 개념을 도입함으로써 밀은 평등, 자유, 인권, 정의와 같은 가치를 우선시하는 공리주의를 주장한 것이다. 즉 물질적인 이익만을 고려하는 양적 공리주의를 벗어나서 인간으로서의 가치를 존중하는 질적 공리주의를 주장한 것이다.

case 2 주의할 점은 각각의 기준에 따라 어떤 행위를 할 것인지를 선택하는 것이다. ㉮의 경우 그 기준은 강렬도이다. 따라서 얼마나 강렬한 쾌감을 보장하느냐에 따라 선택을 해야 한다는 것이다. 에티오피아 난민은 기아에 허덕이고 있고 그들은 옷보다는 식량을 받는 것이 더욱 강렬한 쾌감을 낳을 것이기 때문에 식량을 보내야 할 것이다. 반면 잘 먹고 잘사는 아이에게 식량은 큰 쾌감을 주지 못한다. 이 아이에게는 옷을 보내 주는 것이 강렬도 면에서는 옳은 행위이다. ㉯의 경우 지속도의 측면에서 행위를 선택하라는 것이다. 즉 단기적으로 고통을 덜어 주는 것보다는 장기적으로 고통을 덜어 주는 것이 낫고 단기적으로 쾌락을 만들기보다는 장기적인 쾌락을 주는 것이 올바른 행동이라는 것이다. 따라서 이 경우 냉정하더라도 아이의 말을 선택적으로 들어주어야 할 것이다. 왜냐하면 아이의 먼 미래의 쾌락(행복)을 위해 훨씬 도움이 되기 때문이다. ㉰의 경우 약간 혼란스러울 수 있다. 왜냐하면 다산도 측면, 즉 어떤 행위가 계속해서 좋은 결과를 낳는가 하는 기준에서 본다면 장기적인 수해 대책을 세우는 것이 옳은 행위일 것이다. 그러나 문제에서 요구한 기준은 신속도였다. 즉 신속도의 측면에서 어떤 행위를 할 것인지를 생각해 봐야 한다는 것이다. 신속도로 본다면 당장의 고통 경감을 위한 대책이 더 옳은 행위라고 할 수 있다. 여기서 알 수 있듯이 한 가지 기준만으로 특정 행위의 결과를 평가하여 행위의 옳고 그름을 바로 알아낼 수는 없다. 벤담이 제시한 일곱 가지 기준들을 모두 고려하고 평가해 보았을 때 더 많은 쾌락을 낳는다고 예상되는 행위를 하는 것이 도덕적으로 올바르다고 할 수 있을 것이다.

주 제 탐 구 **04** 강 법과 공리주의

case 1 제시된 글에 따르면 법은 기본적으로 공리주의를 따르고 있다고 볼 수 있다. 나와 타인의 이익을 동등하게 고려함으로써 공공의 행복을 개인의 행복보다 우위에 둘 수 있고, 법은 이러한 공공의 이익, 행복을 지향한다는 것이다. 그러나 도둑의 사례에서 알 수 있듯이 다른 사람들의 이익이 한 개인의 고통을 낳을 수 있다. 그러나 예외 없이 모든 사람들을 행복하게 하는 법을 만드는 것은 이상적인 것이고, 실제 현실에서는 최대 다수의 최대 행복을 위해 되도록 많은 사람들이 행복해질 수 있도록 법을 만들 수밖에 없다. 이것이 바로 공리주의의 기본 정신인 것이다. 이러한 공리주의의 기본 정신에 대해 '나'는 진정으로 이해하고 전적으로 동의할 수 있는지 반성해 보아야 한다.

Abitur

철학자가 들려주는 철학이야기 013

왕수인이 들려주는 양지 이야기

저자_김광식

서울대학교 철학과에서 학사·석사 과정을 마치고 독일 베를린 자유대학교 철학과에서 박사 과정을 마쳤다. 저서로는 《사회철학대계 4: 기술시대와 사회철학》(공저)이 있고, 역서로는 《흄―나는 존재하지 않는다》, 《마르크스 정치경제학의 변증법적 방법 I, II》(공역), 《철학대사전》(공역) 등이 있으며, 논문으로는 〈본질과 현상의 범주를 통해 본 인식들 사이의 모순의 문제〉, 〈사이버네틱스와 철학〉 등이 있다. 서양철학과 동양철학을 비교하는 데 많은 관심을 가지고 있다.

가 "유학을 완성한 사람이 바로 주자라고 불리는 주희란다. 그 유학을 우리는 주자학 또는 성리학이라 부른단다."

"주자가 주장한 사상은 뭔데요?"

"좀 어려운데 들어 봐라. 주자는 공자나 맹자가 말한 '사람다움' 이라는 것이 우주와 자연의 본래 모습이라고 말했단다. 그리고 그것을 '태극' 이라고 불렀어. 사람뿐만이 아니라 모든 사물에는 이 태극이라는 이치가 들어 있는데 성인, 즉 지혜와 덕이 뛰어난 사람은 이 태극을 잘 발휘할 수 있다고 본 것이란다."

"그럼 평범한 보통 사람들이 태극을 잘 발휘하려면 어떻게 해야 하나요?"

"사물의 이치를 공부하여 그 속에 들어 있는 태극을 밝혀내면 마음이 밝아져서 성인이 될 수 있지. 그럼 태극을 잘 발휘할 수 있을 게다."

나는 고개를 끄덕였다. 주자의 사상은 공자, 맹자의 사상을 더욱 발전시킨 거라 그런지 좀 어려웠다.

– 《왕수인이 들려주는 양지 이야기》 중에서

❹   양명학은 나와 이름이 똑같은 왕수인이라는 사람이 만든 학문이야. 왕수인의 호가 '양명' 이기 때문에 양명학이라 불리게 된 것이지. '호' 는 남이 불러 주는 이름을 말해. 양명학은 유학의 한 갈래야. 유학이란 공자라는 사람이 중국 고대의 문화를 총 정리하여 후세에 전해 준 학문으로 맹자, 순자 등이 공자의 유학을 이어받았지. 그리고 송나라 때 와서 새로운 유학을 완성한 사람이 주자라고 불리는 주희인데, 왕수인은 주자학의 공부 방법이 잘못됐다고 보았기 때문에 주자학을 받아들이지 않고 새로 양명학을 만들게 된 것이야. 주자는 온갖 사물에 태극이란 진리가 있다고 했지만, 왕수인은 사물을 일일이 공부해서는 진리를 찾을 수 없다고 보았지. 그는 성인이 되는 길을 알려 주는 학문은 간단하고 쉬워야 한다고 생각했으며 진리란 오직 사람의 마음에 있다고 보았어. 그래서 자신의 마음을 잘 깨달으면 진리를 발견할 수 있고 또 그것을 실천하면 성인이 될 수 있다고 하였지. 그러니까 양명학에서는 누구나 자신의 마음을 잘 깨닫고 노력하면 성인이 될 수 있다고 본 것이야. 나 역시 열심히 공부하여 꼭 성인이 되고 싶어.

–《왕수인이 들려주는 양지 이야기》 중에서

생각 쓰기

1 주자

　　주자는 중국 송나라 때 유학자로, 주자학을 완성했다. 그는 '이(理)'와 '기(氣)'로 우주가 구성되어 있다고 보았으며, '이'를 인간의 선한 본성이라고 보았다. 그는 깨끗하지 못한 '기'가 '이'를 방해하면 '격물(格物, 사물의 이치를 연구하여 궁극에 도달하는 것)'로 극복할 수 있다고 보았으며, 연구 대상을 사물로까지 확대했다. 사물의 본성은 인간의 본성과 근본에 있어서 같으므로 사물의 본성만 알면 인간의 본성도 알 수 있다고 하였다.

　　지방 관료를 맡으면서 조세, 감찰 업무를 개혁하고 지방에 있는 서원의 서고와 학칙을 개선하고, 의례와 관혼상제의 규율을 바로잡았다. 그는 주로 지방을 다스리는 일을 하며 자신만의 사상과 학문을 확립했다.

02강 유교는 기독교, 불교와 뭐가 다르지?

㉮ 그래, 공자 사상의 핵심은 '인(仁, 어질다)'인데 요즘 말로 '사람다움'을 뜻한 다고 보면 된단다. 또 그 사람다움을 나타내는 형식이 '예(禮, 예의 바르다)'라고 했 어. 공자는 "예가 아니면 보지 말고 예가 아니면 듣지 말라"고까지 말했단다. 네 말대로 '사람답다'라는 말은 곧 도덕적인 사람을 뜻하지. 따라서 공자의 유학은 도덕적인 인간이 되는 것을 중시한단다. 도덕적인 인간이란 가령 임금은 임금답 고 신하는 신하답고 아버지는 아버지답고 자식은 자식다운 것이다.

― 《왕수인이 들려주는 양지 이야기》 중에서

㉯ 어떤 사람이 예수님께 와서 물었다.

"선생님이여, 내가 무슨 선한 일을 하여야 영생을 얻겠습니까?"

예수께서 말씀하셨다.

"어찌하여 선한 일을 내게 묻느냐? 선한 이는 오직 한 분이시니라. 네가 생명에 들어가려면 계명들을 지켜라."

그 사람이 물었다.

"어느 계명입니까?"

예수께서 말씀하셨다. "살인하지 말라, 간음하지 말라, 도적질하지 말라, 거짓 말하지 말라, 네 부모를 공경하라, 네 이웃을 네 몸과 같이 사랑하라고 하신 것이다."

그 사람이 물었다.

"이 모든 것을 내가 지키었습니다. 아직도 무엇이 부족합니까?"

예수께서 말씀하셨다.

"네가 가진 것들을 팔아 가난한 자들에게 주어라. 그러면 하늘에서 보화를 얻게 될 것이다. 그리고 와서 나를 쫓으라."

그 청년이 재물이 많으므로 이 말씀을 듣고 근심하며 갔다.

예수께서 제자들에게 말씀하셨다.

"내가 진실로 너희에게 말한다. 부자는 천국에 들어가기가 어렵다. 다시 한 번 너희에게 말한다. 낙타가 바늘귀로 들어가는 것이 부자가 하나님의 나라에 들어가는 것보다 쉬울 것이다."

– 《신약성서》, 〈마태복음〉 참고

🄓 아내도 저를 따라 행복하신 분 곁에서 열심히 수행을 하겠나이다. 그렇게 되면 더 이상 생사의 윤회가 없는 피안에 이르러 이 고통에서 벗어나게 될 것입니다. 온갖 빗나간 생각에 흔들리지 말고, 계율을 지키고 지혜를 갖추어 모든 욕망에 대

한 집착을 버린 사람은 다시는 인간의 모태에 드는 일이 없을 것이다. 즉 윤회가 더 이상 없을 것이다.

스승은 말씀하셨다.

"사비야여, 모든 악을 물리치고 때 묻지 않고 마음을 잘 가라앉혀 스스로 안정시키며, 윤회를 넘어서 완전한 자가 되어 걸림이 없는 사람, 그를 '바라문' 이라 한다."

— 석가모니, 《숫타니파타》 참고

㉮ 그렇단다. 유학이란 결국 성인이 되는 학문이야. 죽어서 천국에 가기 위해서가 아닌, 현재에 살고 있는 인간을 위한 학문이지. 이 땅의 가정이나 이웃, 나라가 잘되게 이끌어 주는 학문이니까.

유교는 철저하게 현실적인 종교야. 가족을 비롯하여 사회나 국가에 대하여 지대한 관심을 가지고 있지. 보통의 종교와는 달리 유교에는 천국이나 지옥 같은 내세가 없어.

그렇기 때문에 유학자들은 이 땅에서 이상적인 국가를 건설하기 위해 왕을 설득하거나 교육시켰고, 자신들도 처절하게 정치에 참여하였던 것이지. 그것이 안 되면 물러나 다음 세대를 위해 교육에 힘썼어.

― 《왕수인이 들려주는 양지 이야기》 중에서

㉯ 호주는 집의 주인이란 말로, 가족을 대표하는 사람을 뜻해. 호주제도는 남자의 혈통을 따라 호주를 이어받는 제도야. 호주제도는 남자 어른이 가족의 주인이 되는 가부장적 가족 제도와 봉건적인 토지 경제체제, 그리고 유교 사상에 그 뿌리를 두고 있지.

봉건적인 토지 경제체제가 무너지고 사회의식이 발전함에 따라, 남녀평등정신에 어긋난다고 하여 호주의 범위가 확대되고 그 권한도 약화되었어. 최근 개정된 민법에 따르면, 2008년에 호주제가 완전히 폐지된단다.

– 《아비투어 철학 논술 – 이이 (고급)》 중에서

다　호주제도는 인간의 존엄성과 남녀평등이라는 보편적인 가치에 어긋나지. 호적제도는 여성이 결혼과 동시에 그 남편의 호적에 입적하도록 하고, 그 자녀를 아버지의 호적에 올려 그 성을 사용하도록 하고 있어. 호주의 승계를 철저히 남성 중심적인 순위로 하고, 이혼 가정의 자녀를 아버지 호적에 올려놓음으로써 가정 선택의 자유를 침해하지.

게다가 호주제도는 미혼모 권리를 침해하고 여성의 정치 참여에 걸림돌이 되고 있어. 또한 사회, 경제적 양성 불평등을 정당화시키고, 남아 선호 사상을 부추겨 성비의 불균형을 가져오고 있어. 한편 호주제도는 일제가 내선동화를 목적으로 조선의 가족제도를 일본 천황제의 하부구조로 만들기 위해 그들의 호주제를 강제적으로 이식시켜 우리의 관습과 전통을 왜곡한 것이기도 하단다.

– 《아비투어 철학 논술 – 이이(고급)》 중에서

라　"아버지가 돌아가시자, 어머니와 나이 많은 할머니를 제치고 젖먹이 남동생이 호주가 되다니 이것이 말이 되는가?"

이 말은 그동안 호주제를 폐지하자는 측의 항변이야. 당연히 말이 되지. 실제로 오랜 옛날부터 실천해 온 우리의 전통문화이기 때문이야. 그 오랜 전통을 없애려

하는 것은 말이 안 되지. 호주제는 천 년 이상의 뿌리를 가진 우리 고유의 전통적 가족 질서로 가족공동체의 결속과 동성불혼 원칙 등을 통해 민족 공동체의 결속을 강화시켜 주는 제도야. 따라서 호주제 폐지는 유구한 가족 전통을 존중하는 관습법에 위배될 뿐만 아니라 가족의 전통과 미덕을 말살하는, 자신의 뿌리를 스스로 부정하는 행위란다.

- 《아비투어 철학 논술 - 이이 (고급)》 중에서

생각 쓰기

주요 개념 및 배경 지식

1 유교

동양의 대표적인 사상이며, 윤리학이나 정치학으로 볼 수도 있다. 공자가 만든 것이라고 하여 공교(孔敎), 혹은 공자교(孔子敎)라고도 한다. 사랑(仁)을 최고 이념으로 삼고, 먼저 마음과 행동을 수양하고(修身) 집안을 잘 다스리며(齊家), 나라를 잘 다스리고(治國) 천하를 평정(平天下)하는 것을 추구했다.

공자는 사랑을 가장 중시했다. 사랑은 곧 부모에 대한 효(孝)이며 형제에 대한 제(悌)라고 하여, 그 근본을 가족적인 사랑으로 보았다. 그는 사랑을 인간 사회의 원리로 삼고, 정치에도 전개시켰다.

나중에 맹자가 나타나 사랑을 실천하기 위한 덕으로 의(義)를 내세웠다. 이를 합쳐서 인의(仁義)라고 부른다.

맹자는 인간은 본래 선한 존재라는 성선설을 주장했으며 그것에 바탕을 둔 덕치 정치, 즉 왕도 정치를 주장했다.

순자는 맹자와 달리 인간의 본성을 악하게 보았으며 그 악한 본성은 예에 의해서만 착하게 만들 수 있다고 보았다.

2 기독교

하나님을 천지를 창조한 유일한 신으로 섬기며, 그의 아들 예수의 말씀을 따르는 세계 3대 종교 중 하나이다. 지금의 팔레스타인 지방에서 시작되어 로마 제국의 국교가 되면서 빠르게 퍼졌다. 현재는 전 세계에 걸쳐 고르게 분포하고 있으며, 종교 개혁에 의해서 가톨릭교(구교)와 신교로 분리되었다.

3 불교

기원전 6세기 말에서 4세기 초, 인도에서 석가모니가 창시한 종교이다. 동양의 많은 국가들에 전파되어서 동양 문화에 큰 영향을 미쳤다. 불교는 대승불교와 소승불교로 나뉜다. 대승은 자비를 중요시하는 데 비해, 소승은 깨닫고자 하는 자의 해탈을 중요시한다. 모든 집착과 욕망을 버림으로써 이 세상의 고통과 번뇌에서 벗어나 윤회로부터 해탈하는 것을 궁극적인 목표로 삼는다.

4 업

선한 행동이나 악한 행동이 다음 세상에 인과응보로 나타난다는 것을 뜻한다. 일반적으로 신체적 행동을 나타내는 신업(身業), 언어적 표현을 나타내는 구업(口業), 정신적 활동을 나타내는 의업(意業)으로 나누며 이를 가리켜 삼업이라 한다.

5 윤회설

사람이나 동물 등 생명이 있는 것은 죽어도 다시 태어나서 생이 반복된다고 믿는 불교의 사상이다. 윤회하는 동안 각자는 높은 경지에 오를 수도 있고, 나쁜 길에 빠져 동물로 태어나 비천한 삶을 살 수도 있다. 전생의 행동들은 다음 생을 시작하는 조건에 영향을 줄 뿐만 아니라 다음 생에서의 행복과 불행에도 영향을 끼친다.

03_강 양명학이 대체 뭐지?

양명학은 유학의 한 형태이다. 왕수인은 주자학의 공부 방법을 비판하고 새로운 유학을 세웠다. 주자는 사람뿐만 아니라 모든 사물에도 태극이란 진리가 있다고 했다. 따라서 사물의 본성을 깨달으면 인간의 본성도 깨닫게 될 것이라고 했다. 하지만 왕수인은 사물을 일일이 공부해서는 진리를 찾을 수 없다고 보았다. 그는 진리란 오직 사람의 마음에 있다고 보았다. 그러므로 자신의 마음을 잘 깨달으면 진리를 발견할 수 있고 그것을 실천하면 성인이 될 수 있다고 하였다.

- 《왕수인이 들려주는 양지 이야기》 중에서

생각 쓰기

가 　예로부터 동양철학에서는 아는 것과 행동하는 것의 관계에 대하여 많은 논의를 해 왔습니다. 먼저 알고 난 후에 행동한다는 것을 '선지후행(先知後行)'이라 하고, 행동한 후에 안다고 할 때는 '선행후지(先行後知)'라고 불렀습니다.

그뿐만 아니라 아는 것과 행동하는 것이 나란히 나아간다고 주장하는 학자들도 있었습니다. 그들은 이것을 '지행병진(知行竝進)'이라고 하였으며, 아는 것과 행동하는 것이 하나라는 '지행합일(知行合一)'을 주장하였습니다.

　그러나 이러한 주장은 말처럼 간단하지 않습니다. 먼저 '안다'고 할 때 무엇을 아는가 하는 것과 '행동한다'고 할 때 행동하는 것이 무엇이냐에 따라 내용이 완전히 달라지기 때문입니다. 그래서 이것을 공부할 때는 학자들이 정확하게 무엇을 말하고 있는지 세밀히 살펴보아야 합니다.

　지행합일은 '아는 것과 행동하는 것이 합하여 하나'라는 양명학의 중요한 이론 가운데 하나입니다. 그런데 이 지행합일을 이해하는 것은 쉽지 않습니다. 앞에서도 말했지만, 행동이 무엇이며 아는 것이 무엇인지 따져 보아야 합니다.

　우선 왕수인이 "앎과 행동에 관한 공부는 본래 서로 떨어질 수 없다. 단지 후세의 학자들이 두 가지 공부로 나누어 앎과 행동의 본체를 잃어버렸다"고 한 말에서 찾아볼 수 있습니다.

즉 아는 것과 행동하는 것은 따로 떨어지지 않는다는 것입니다. 사람들이 말하는 행동이란 눈에 보이는 손이나 발의 움직임만을 말합니다만, 왕수인은 눈에 보이지 않은 마음의 움직임까지 행동으로 보고 있는 것입니다.

이렇게 그가 아는 것과 행동하는 것이 하나라고 말한 데는 이유가 있습니다. 사람들은 마음속으론 온갖 나쁜 일과 욕심이 가득하면서도 정작 그것이 겉으로 드러난 행동으로 옮기지 않았을 때는 문제 삼지 않기 때문입니다.

그래서 온갖 나쁜 일들은 이미 마음속에서 계획되어 나오는 것입니다. 그렇기 때문에 착하게 살려면 애초부터 마음을 바로 먹을 필요가 있습니다.

진리인 내 본래의 마음을 잘 발휘하려면, 마음속에 있는 사사로운 욕심이나 악의 뿌리를 완전히 뽑아 버려야 합니다. 마음은 마음에서 그치는 것이 아니라 행동의 시작이기 때문입니다. 그러고 나서 행동한 후의 앎이야말로 제대로 아는 앎이 완성되는 것입니다. 그래서 그는 말합니다.

"아는 것은 행동의 중요한 방향이다. 행동은 아는 것의 공부이다. 아는 것은 행동의 시작이고, 행동은 아는 것의 완성이다. 아는 것을 말하면 행동이 이미 그 속에 들어 있고, 행동을 이야기하면 아는 것이 그 속에 자연히 들어 있다."

– 《왕수인이 들려주는 양지 이야기》 중에서

🕑 어떤 마을에 누구나 가축을 풀어 기를 수 있도록 개방된 땅이 있었다. 이 마을 사람들은 각자 자신의 땅을 갖고 있었지만, 이 땅에 가축을 풀어놓으려 했다.

사람들은 이 땅의 풀이 다른 사람들의 가축도 충분히 먹을 수 있는지에는 아무런 관심도 없었다. 결국 이 땅은 풀이 하나도 없는 땅으로 변하고 말았다.

– 개릿 하딘, 〈공유의 비극〉 참고

– 관련 기출 문제: [2006] 서울대 정시 논술 고사 제시문 참고

생각 쓰기

1 양명학

　명나라 때 왕수인이 주자학에 대하여 불만을 느끼고 새로이 유학을 발전시켰는데, 이것을 양명학이라고 부른다. 양명학은 명나라 중기 이후에 크게 번성하였고 많은 학자들을 배출했다. 왕수인은 마음이 곧 천리라는 심즉리(心卽理)와, 양지(양심)를 기르는 능력인 치양지(致良知), 그리고 앎과 행동이 일치해야 한다는 지행합일설(知行合一說)을 주장하였다.

아비투어 철학 논술

예시 답안

case 1

공통점은 보편적인 진리(천리)를 추구하며, 추구하는 진리가 도덕적인 진리라는 것, 그리고 그것을 무엇보다 인간의 정신 속에서 찾으려고 한다는 점이다.

차이점을 찾아보면, 주자는 그 보편적인 진리가 인간의 정신뿐만 아니라 사물에도 있다고 보는 데 반해, 왕수인은 인간의 정신 속에만 있다고 보았다. 또한 주자는 인간과 사물 속에 있는 본성이 같다고 했지만 왕수인은 다르다고 보았다. 그리고 주자는 그 보편적인 진리가 인간의 본성(性) 속에 있다고 본 반면, 왕수인은 인간의 마음(心) 속에 있다고 했다. 마지막으로 주자는 사물의 본성을 연구하면 사람의 본성이 맑아져서 깨달음에 이를 수 있다고 보았지만, 왕수인은 사물의 본성만을 연구하는 것으로는 깨달음에 이를 수 없으며 오직 마음을 들여다볼 때만 깨달음에 이를 수 있다고 보았다.

case 1

세 글 모두 착하게 살아야 한다고 말하고 있다. 그중 ㉯와 ㉰는 착하게 살면 죽은 뒤에 보상을 받는다는 공통점이 있다.

차이점을 찾아보면, ㉯, ㉰와 달리, ㉮는 착한 일을 하면 죽은 뒤가 아니라 살아 있을 때 보상을 받는다는 것이다. 하지만 그 보상은 나만 잘 되는 것이 아니라, 그런 개념을 넘어 이 세상 모두가 살기 좋아지는 것이다. 물론 그 혜택은 나에게도 돌아온다.

㉮와 ㉯는 착해지면, 신과 같은 외부 존재의 보상 없이 그 혜택을 받게 된다. ㉮는 많은 사람이 착해지면 자연히 살기 좋은 세상이 되며, ㉯는 사람이 착해지면 자연히 고통스러운 윤회의 쳇바퀴를 벗어나게 된다는 것을 얘기하고 있다.

case 2 ㉮의 말대로 유교는 죽은 뒤의 세상보다는 현재의 세상에 더 많은 관심이 있다. 인간의 본성을 활용하거나 길들임으로써, 지금 세상을 살기 좋은 세상으로 만들고자 한다. 착한 본성은 키우고 악한 본성은 법으로 절제하게 만듦으로써, 세상을 살기 좋게 만들고자 하는 것이다. 하지만 세상은 항상 변한다. 그리고 변화된 세상에 따라 그것에 맞는 방법을 찾아야 한다. 그런 이유로 유교는 세상이 바뀔 때마다, 그 세상에 맞는 방법을 찾았다. 원시 유교, 훈고학, 성리학, 양명학, 실학 등의 새로운 형태의 유교로 발전되었다.

집안의 남자 어른이 한 집안의 주인이 되는 호주제는 사회보장제도가 미흡했던 과거에 호주가 가정의 복지를 보장하는 역할도 했고, 인성 교육의 상당한 몫을 담당했다. 그야말로 기본적인 생활 기반이 바탕이 된 도덕적인 수양을 통해 이상 사회를 건설하는 데 많은 공헌을 했다. 하지만 지금은 기본 복지를 호주 대신 사회가 보장하고 있고, 인성 교육도 학교나 사회를 통해 꾸준히 이뤄지고 있다. 오늘날 호주제는 장점보다는 남녀평등이라는 시대정신을 거스르는 좋지 못한 전통으로 간주된다.

호주제의 철학적인 바탕이 유교이다 보니, 유교를 믿는 사람들은 자연히 호주제 폐지에 반대한다. 그들이 반대하는 주요한 이유는 호주제가 오랜 유교 전통이기 때문이라는 것이다. 그러나 호주제 폐지를 주장하는 그들의 이유는 정작 유교 정신에 어긋난다. 유교야말로 과거나 미래에 집착하지 않고 현재의 현실에 충실한 학문이다. 현재의 현실에 발맞추어 자기 혁신을 꾀하지 않는 한 유교의 발전은 없을 것이다.

주제 탐구 **03**강 양명학이 대체 뭐지?

case 1 주자학은 사물 속에도 본성(천리, 하늘의 이치)이 들어 있으며, 그 본성은 인간의 본성과 같다고 본다. 하지만 양명학은 사물 속에는 천리가 없으며 오직 인간의 마음속에만 천리가 있다고 보았다. 주자학은 사물 속의 본성만 알아내면 그 과정에서 인간의 본성을 자연히 깨닫게 된다고 생각했지만, 양명학은 사물을 연구해서는 천리를 알아낼 수 없으며, 인간의 마음을 연구할 때만 천리를 알아낼 수 있다고 하였다.

주자학은 사물만 연구하면 진리를 알게 된다고 생각했으므로 학문의 범위를 인간의 마음에서 자연이나 우주로 넓혔다. 이러한 범위의 확장은 자연에 대한 관심을 불러일으키고, 마음을 연구하는 학문과 자연을 연구하는 학문 사이의 연관성을 찾게 하여 통일과학의 토대를 마련했다는 장점이 있다. 하지만 진리를 찾는 길이 어렵고 복잡하여, 일반 사람들이 진리를 찾는 일에 나서기가 쉽지 않다는 단점이 있다.

양명학은 사물을 연구하지 않고, 마음만 연구하면 진리를 알아낼 수 있다고 봄으로써 학문의 범위를 제한했다. 이러한 범위의 축소는 자연에 대한 관심을 인간의 마음에 대한 관심으로 돌림으로써, 자연에 대한 학문의 발달을 지연시키는 단점이 있다. 하지만 진리를 찾는 방법이 복잡하고 어려워 진리를 찾는 데 엄두를 내지 못하던 사람들에게 단순하고도 쉬운 방법을 제공한다는 장점이 있다. 주자학을 비판하고 등장한 것이 양명학이기 때문에, 양명학의 장점이 주자학의 단점이 되는 것이다.

case 2   양명학이 주장하는 지행합일은 알게 됨으로써 마음속의 행동이 시작되고 마음속의 행동과 그것이 밖으로 나온 행동을 통해 아는 것이 완성된다는 것이다. 아는 것을 통해 행동하는 것(doing by knowing)과 행동하는 것을 통해 아는 것(knowing by doing)은 상호 보완 작용을 함으로써 서로를 더욱 알차게 만든다. 이런 상호 작용은 몸에 밴 앎을 만든다.

㉯는 그러한 앎이 몸에 배지 않은 사람들의 사회가 얼마나 쉽게 무너지는지를 보여 준다. 양명학의 지행합일 사상을 적극적으로 적용하여 교육할 필요가 있다. 하지만 교육만으로는 한계가 있다. 교육과 병행하여 지행합일이 되지 않는 사람들을 통제할 제도적 장치가 필요한 것이다. 양명학이 마음의 수양을 중시한 점은 높이 살만하지만, 마음의 힘을 지나치게 신뢰하여 빗나간 마음을 바로잡는 통제의 필요성을 지나쳤다.

철학자가 들려주는 철학이야기 014

헤겔이 들려주는 정신 이야기

저자_**박민수**

연세대학교 독문과를 졸업하고 동 대학원에서 석사 학위를 받았다. 지금은 독일 베를린 자유대학에서 '근대 미학에서 미적 가상의 개념'이란 주제로 박사 논문을 준비하고 있다. 전문 번역가로도 일하고 있으며, 그동안 번역한 책으로는 《우리의 포스트모던적 모던》, 《데리다-니체, 니체-데리다》, 《신의 독약》, 《책벌레》, 《크라바트》 등이 있다.

01_강 절대정신

case 1 헤겔은 '절대정신' 이라는 말을 사용한다. 다음의 제시문을 읽고 정신이 절대정신으로 발전하는 과정을 설명하시오.

"그럼 정신이 계속 변화해 간다면 그 끝은 어디에요? 고여 있지 않고 흐르는 물도 결국엔 바다에 다다르잖아요. 정신도 계속 변화한다고 하지만 결국은 어떤 곳에 이르지 않을까요?"

정신이의 질문에 선생님은 눈을 반짝이시더니 한 명씩 앞으로 불러내셨다.

"너희 모두 정신이의 질문을 이해했지? 그럼 우리 이번에는 함께 풀어 보자. 연극으로 말이야. 저기 진주 나오고, 요기 준희도 나와 봐."

극본이 없는 연극이라니 진주와 준희는 적잖이 당황했지만, 해결 선생님이 하시는 거니까 망설이지 않고 앞으로 나갔다.

"옳지, 너희 둘은 정신이야."

(……)

"무대 위에 등장한 두 정신이 있다고 상상해 봐. 자, 이제부터는 자기만의 정신이 아니라 다른 사람의 정신과도 비교하는 거야. 진주하고 준희는 각자 서로 다른 사람의 정신인 거야. 그런데 정신들끼리 서로 비교하면서 다투는 거지. 자기가 진짜 정신이라고 우기면서 말이야."

해결 선생님이 시키지 않았는데도 진주와 준희는 서로 싸우기 시작했다.

"야, 내가 진짜 정신이야."

"웃기지 마. 내가 진짜야."

서로 한 대씩 때리며 연기를 하다가 준희가 때린 주먹이 아팠는지 진주는 진짜 화가 나서 준희를 한 대 세게 쳤다. 이에 질세라 준희도 더 세게 진주를 때렸다.

(……)

"얘들아, 좀 진정해. 이건 어디까지나 연기야, 연기."

"하하하."

"여기 두 정신은 서로 자기가 더 나은 정신이라고 싸우는 거야. 자기야말로 진짜 정신이라고 말이야. 그렇지?"

여전히 발갛게 상기된 얼굴의 진주와 준희가 고개를 끄덕였다.

"그럼 누가 진짜 정신일까?"

"목소리 큰 사람이요!"

민태가 잽싸게 대답하자 다들 까르르 웃었다. 사실 목소리 큰 걸로 따지면 진주를 따라갈 사람이 없었다.

"하하하. 그러면 진주가 진짜 정신이네?"

"에이, 그런 게 어디 있어요?"

준희가 제법 서운한 듯 대답했다.

"그렇지? 목소리 크다고 이기는 건 말이 안 돼. '그래, 네가 진짜야!' 하고 찬성해 주는 다른 정신이 있어야 되는 거지. 그러니까 이 둘은 서로 진짜 정신으로 인정받고 싶은 거란다.

이렇게 정신은 자신이 진짜 인간의 정신이라는 것을 알리기 위해서 혼신의 힘을 다해 싸우게 되지. 그런데 생각해 봐. 한참 싸우다 정말 그 상대가 숙어 없어신다면 어떻게 되겠어? 자신을 인정해 줄 상대방이 사라지게 되는 것이지. 결국 자신에게도 손해가 되는 일인 거야. 결국 정신은 상대 정신과 싸우면서 상대의 좋은 점을 받아들이고 자신의 나쁜 점을 버리면서 점점 더 나은 정신으로 만들어 가야 하는 거란다.”

뭔가 깨달은 듯 큰 소리로 대답한 건 바로 정신이였다.

“그러니까 정신이 점점 더 좋아지겠네요? 정신이 발전하는 거죠?”

“그래, 맞아. 점점 더 나은 정신을 찾아가겠지. 헤겔은 말이야, 사람의 정신은 모든 것을 알 수 있는 단계까지 나아갈 수 있다고 했단다. 모든 것을 계획할 수 있고, 또 그것을 실행시킬 수 있는 그런 힘을 가진 정신! 신에 가까운 정신 말이야. 정신이 발전할 때 가장 완성된 정신이 될 수 있는 거란다. 그렇게 최고로 완성된 정신이 바로 ‘절대정신’ 이야.”

– 《헤겔이 들려주는 정신 이야기》 중에서

생각 쓰기

정신

정신이란 마음이나 영혼처럼 눈에 보이는 물질은 아니지만 활동하고 있는 무엇을 말한다. 인간의 감각이나 이해, 상상, 욕구 등은 모두 정신에 속하는 것들이다. 철학자 헤겔은 이 세상에 존재하는 모든 것을 이 정신과 연관시켜 생각했다. 헤겔에 따르면, 정신은 정, 반, 합의 변증법적 운동을 하면서 발전하며 이러한 발전을 거치면서 완전한 정신, 즉 '절대정신' 이 된다.

02 _강 모순과 변증법

"여기에 뜨거운 물 한 잔이 있어. 이 물이 언제까지나 뜨겁지는 않겠지. 그러나 또 갑자기 차가워지는 것도 아니잖아. 이렇게 계속 놔두면 어떻게 될까?"

"좀 있다 식어서 차가워져요."

또 막내 민태가 대답했다.

"그래, 뜨겁게 있으려는 쪽과 차가워지려는 쪽이 싸우다가 결국 식게 되면 차가운 물이 되겠지."

몇 번 대답은 열심히 했지만 막내 민태는 벌써 흥미를 잃은 것 같았다. 그러나 똑순이 진주와 정신이 그리고 까불이 준희의 눈은 더 반짝였다.

"물을 예로 들었지만 우리가 알고 있는 모든 사물은 서로 대립되어 있단다. 어제 새로 산 우리 전기밥솥 있잖아."

"아! 그 빨간색 밥솥이요?"

"그래, 지금은 새것이라고 할 수 있지만 언제까지나 새것이라고 할 수 있을까? 그 밥솥도 곧 헌것이 될 거야. 또 그 밥솥 역시 새것으로 있으려는 것과 헌것으로

되어 가는 과정 속에서 서로 싸운다고 할 수 있지."

뭔가를 좀 알겠다는 듯 똑순이 진주가 고개를 끄덕였다. 막내 민태는 이미 해결 선생님의 말에는 흥미를 잃고 한쪽으로 조용히 가서 장난감을 가지고 놀고 있었다.

"이런 대립은 사물에서만 나타나는 게 아니라 사회현상에서도, 사람의 마음에서도 나타난단다. 프랑스 혁명이 일어난 18세기 말과 새로운 사회를 만들려고 하는 19세기 초에는 혁명을 일으키려는 새로운 세력과 기존의 제도를 유지하려는 세력들이 서로 싸웠단다. 피까지 흘리는 처절한 싸움이었지. 그 대립의 정도가 매우 심한 혁명 초기에는 '단두대'에서 수많은 사람들이 처형을 당하기도 했지. 그러나 그 싸움이 언제까지나 계속된 것은 아니고 차차 안정을 찾아갔지."

역사 이야기가 나오자 까불이 준희가 가장 관심을 보였다. 준희는 역사책 읽는 것을 가장 좋아했다. 준희가 지금까지 읽은 역사책만 해도 100권은 넘었다. 만화도 포함된 수이긴 하지만 말이다.

"그리고 사람의 마음속에서도 대립은 일어나고 있단다. 마음이라는 것이 한결같을 수는 없으니까. 한 친구에 대해서도 좋아하는 마음과 미워하는 마음이 나타나는 경우를 겪어 보았을 텐데, 그렇지 않아?"

– 《헤겔이 들려주는 정신 이야기》 중에서

생각 쓰기

"저도 사실은 지금 제 모습을 바꾸고 싶어요. 예전에는 이런 생각을 못했는데 지금은 그렇게 하고 싶어요."

정신이는 김은호 선생님 때문이라는 말은 하지 않았다.

"그래. 현재의 나를 부정하는 이 힘이 바로 변증법을 만들어 나가는 가장 중요한 원인이란다. 다만 무조건 부정만 하는 것이 아니라, 부정하고 난 다음에는 긍정하고 다시 부정하고 또 긍정하고…… 이렇게 되풀이하면서 모든 것은 항상 운동하고 있는 것이지. 이러한 부정과 긍정의 운동을 논리적으로 밝혀 보여 주는 것이 바로 변증법이란다."

"부정, 긍정, 부정, 긍정…… 재미있어요."

"이 은행나무를 보렴. 이 나무의 처음 시작은 무엇이었을까? 한 알의 은행 씨앗이었겠지? 그런데 그 한 알의 은행 씨앗이 그 상태 그대로 머물러 있다면, 커다란 나무가 되는 일은 생겨나지 않았을 거야. 한 알의 은행이 땅에 떨어져 썩은 후 싹을 틔우면 먼저 어린 나무가 되는 거야. 그러면 은행 씨앗은 이제 없어지지. 이때 은행 씨앗이 죽고 부정되어야 어린 나무가 되는 것이고 다음에, 이 나무가 어린 나무로 머무는 게 아니라 더 자라겠지. 자란다는 것은 뭐니? 결국 어린 나무가 부정되면서 큰 은행나무가 되는 거란다."

"우아, 변증법 운동은 참 놀라운 거네요?"

–《헤겔이 들려주는 정신 이야기》 중에서

생각 쓰기

1 모순

중국 초나라의 상인이 창과 방패를 팔면서 창은 어떤 방패로도 막지 못하는 창이라 하고 방패는 어떤 창으로도 뚫지 못하는 방패라 하여, 앞뒤가 맞지 않은 말을 하였다는 데서 유래한다.

변증법(辨證法)에서는 모순은 다만 판단에 관계하는 것이 아니라, 객관적인 사물에 내재하여 그 대립에 의하여 발전한다고 생각한다.

2 변증법

변증법의 창시자인 엘레아학파의 제논은 상대방의 입장에 어떤 자기모순이 있는가를 논증함으로써 자기 입장의 올바름을 입증하려고 하였다. 이와 같은 문답법은 소크라테스에 의해 훌륭하게 전개되고, 그것을 이어받은 플라톤에 의해 진리를 인식하기 위한 방법으로서 중시되었다.

변증법을 인식뿐만 아니라 존재에 관한 논리로 생각한 것은 G.W.F. 헤겔이었다. 헤겔은 인식이나 사물은 정(正)·반(反)·합(合)의 3단계를 거쳐서 전개된다고 생각하였으며 이 3단계적 전개를 변증법이라고 생각하였다.

정(正)의 단계란 그 자신 속에 실은 암암리에 모순을 포함하고 있음에도 불구하고 그 모순을 알아채지 못하고 있는 단계이며, 반(反)의 단계란 그 모순이 자각되어 밖으로 드러나는 단계이다. 그리고 이와 같이 모순에 부딪침으로써 제3의 합(合)의 단계로 전개해 나간다.

이 합의 단계는 정과 반이 종합 통일된 단계이며, 여기서는 정과 반에서 볼 수 있었던 두 개의 규정이 함께 부정되면서 또한 함께 살아나서 통일된다.

03강 역사와 자유

"헤겔은 역사를 변화와 발전 그리고 목적이라는 개념으로 설명했어. 모든 역사는 끊임없이 변화하고 있단다. 단순히 변화만 하는 게 아니라, 역사는 그전의 역사보다 더 나은 역사로 나아가고 있지. 역사는 과거의 역사보다 더 발전하는 거야. 그래서 변화와 발전이 역사를 움직이고 있다고 말할 수 있지. 동서양의 모든 역사는 변화와 발전이라는 틀을 벗어날 수 없는 거지. 이런 변화와 발전은 결국 일정한 방향을 향해 나아가는데, 그 방향이 인간의 완전한 자유라는 거야. 어때, 이해가 되니?"

(……)

"선생님! 그런데 정말 역사가 좋은 방향으로 나아가나요? 그럼 역사는 하루하루가 모여서 만들어지는 거니까 어제보단 오늘이, 오늘보단 내일이 더 좋아지겠네요?"

정신이는 헤겔의 말이 굉장히 희망적으로 들렸다. 오늘보다는 내일이 더 낫다는 뜻이니까 말이다.

"음, 그렇게 생각할 수도 있는데, 사실 헤겔이 말한 역사의 진보는 그런 뜻이 아니란다. (……) 이건 어제보다 오늘이 더 좋아진다는 의미는 아니라는 걸 알려 주지. 오늘은 어제보다 더 나쁜 역사일 수도 있어요. 그렇지만 결국 역사는 좋은 방향으로 나아가고 있다는 것을 가리키는 거야. 어떠니, 그래도 희망적이지?"

"그런 것 같아요. 역사가 태극기처럼 바람 부는 데로 흘러간다는 것보다 훨씬 좋아요!"

"어린 친구들, 오늘도 역사는 계속된다네."

준희는 못내 아쉬웠던 〈햄릿〉의 한 장면처럼 멋있게 한마디를 남겼다.

해결 선생님의 얘기를 모두 이해할 수는 없었지만 역사는 앞으로 나아가고, 착한 아이 공부방도 좋은 방향으로 나아가고 있다는 믿음이 새록새록 솟았다.

- 《헤겔이 들려주는 정신 이야기》 중에서

생각 쓰기

---

1 진보

진보란 어떤 상태가 낮은 단계에서 더 높은 단계, 더 나은 단계로 나아가는 것을 말한다. 진보는 점진적일 수도 있고 비약적일 수도 있다.

2 목적

목적이란 어떤 과정이 도달해야 하는 최종 지점이나 어떤 행위가 달성해야 하는 무엇을 말한다. 철학적인 의미에서는 목적이란 말과 목표란 말이 같은 의미로 사용되는 경우가 많다. 역사가 우연적인 사건 과정이라고 생각하는 사람들은 역사에 특별한 목적이나 목표가 있다고 생각하지 않는다.

반면 역사가 필연적인 과정이라고 생각하는 사람들은 역사에 일정한 목적이나 목표가 있다고 생각한다. 그리고 이런 경우에 역사 과정은 그 목적에 점차 다가가는 진보의 과정이라고 생각된다. 헤겔의 사상은 바로 이런 내용을 담고 있다.

04강 노동의 의미

"헤겔은 노동이라는 것에 큰 의미를 부여한 철학자였어. 헤겔에 의하면 사람들은 동물과는 달리 본능적인 욕구 충족에 만족하지 않고 계속해서 새로운 욕구를 만들어 가는 존재란다. 세상의 많은 사람들이 모두 자신의 욕구만을 채우기 위해 자신이 옳다는 것을 인정받으려고 투쟁을 하지. 그러나 서로 자신들의 주장이 옳다며 '나는 나다. 그러니까 나를 인정해 달라!' 이렇게 외친다고 사람들이 나를 인정해 줄까? 그렇지 않지? 다른 사람에게 인정을 받으려면 무엇인가를 해야 하는 거야. 일을 해야 하는 거지. 즉 사람들은 노동을 통해 다른 사람들로부터 인정을 받을 수 있다는 거야. 사람들은 노동을 통해 자기가 쓸모 있는 사람이라는 것을 보여 주는 거지. 너희가 중요하게 생각하는 공부는……."

갑자기 여기저기서 피식하는 웃음소리가 들렸다. '우리 중에 공부를 중요하게 생각하는 사람이 있었나?' 하는 웃음 같았다. 선생님께서는 못 들은 척 다시 입을 여셨다.

"시험 성적을 잘 받으려는 것, 성공하려는 것도 너희가 다 부모님께, 선생님께,

더 크게는 사회에서 인정받길 원하기 때문인 것처럼 노동 또한 일을 통해서 사람이 자신을 하나의 인격으로 인정받는 길인 것이지. 헤겔은 서로 상대에게 인정받기 위한 사람들 사이의 투쟁을 통해 사람은 보다 높은 정신의 수준에 이를 수 있다고 보았단다."

– 《헤겔이 들려주는 정신 이야기》 중에서

1 노동

　철학적인 의미에서 노동이란 목표가 정해진 인간의 모든 활동을 뜻한다. 즉 철학적인 의미에서 노동은 육체노동이나 돈을 벌기 위한 활동만을 의미하지 않는다. 그런데 인간은 단순히 본능에 따라 무의식적으로 행동하기도 하지만, 그런 경우를 제외하면 모든 활동이 그때그때 목표를 갖고 있다. 따라서 철학적인 의미에서는 인간의 거의 모든 활동이 노동이며, 노동의 과정이 바로 인간 삶의 과정이라고 할 수 있다.

2 인정

　인정이란 보통 어떤 사람이나 사물의 가치를 존중해 주는 것을 뜻한다. 헤겔의 사상에서도 인정이란 말은 이런 의미를 갖는다. 헤겔의 사상에서 인정이란 사회 속에서 한 개인이 다른 사람들에 의해 단순히 수단으로 취급받지 않고 인간으로서 대우받는 것이다. 즉 인격체로서 존중받는 것을 뜻한다.

아비투어 철학 논술

예시 답안

case 1 헤겔에 의하면, 정신은 세상의 모든 것을 알려고 하며, 나아가 모든 것을 알려고 하는 자기 자신에 대해서도 알려고 한다. 즉 '이 세상의 모든 것은 무엇일까'를 생각하고 또 '이 세상의 모든 것을 알려고 하는 나는 무엇일까'를 생각한다는 것이다. 다시 말해 세상과 자기 자신을 알려는 노력을 통해서 정신은 점차 많은 것을 알아 나간다. 정신이 이렇게 점차 많은 것을 알아 나가는 것을 헤겔은 정신의 '자기실현'이라고 부른다. 이 과정은 정신이 자기의 본 모습을 점점 더 분명하게 밝혀내는 과정이기도 하다.

그런데 한 사람의 정신이 이렇게 자기실현을 하는 과정에서 다른 사람의 정신과 만나게 된다. 이때 정신들은 각자 자신이야말로 참된 정신이라고 주장한다. 하지만 사실은 그 어떤 정신도 완전하지 못하며 어떤 결함과 부족함을 지니고 있기 마련이다. 그 때문에 정신들은 서로 자극을 주고받아 더 나은 정신으로 발전하게 된다. 정신은 고립되어 있을 때보다 다른 정신과 다투는 과정을 통해서 더 많이 발전할 수 있다.

그리고 이런 발전을 거듭하다 보면 정신은 완전한 상태에 도달하게 될 수 있다. 이처럼 완성된 단계에 도달한 정신을 헤겔은 절대정신이라고 부른다. 절대정신은 정신이 모든 것을 다 알아냈을 때의 모습, 다시 말해 정신이 자기 자신을 완전하게 실현했을 때의 모습인 셈이다.

case 1 모순이란 사람이나 사물, 사건에 대립되는 두 힘이 작용하고 이 힘들이 서로 영향을 주고받는 것을 말한다.

예를 들어 사람 같은 생명체 안에서는 현재의 모습을 유지하려는 힘과 늙어 소멸하려는 힘이 작용하고 있다. 만약 현재 모습을 유지하려는 힘만 있다면 생명체는 끝내 죽지 않고 같은 모습으로 머물 것이다. 반면에 늙어 소멸하려는 힘만 있다면 삽시간에 늙어서 죽어 버릴 것이다. 생명체 안에서 대립된 두 힘이 서로 영향을 주고받기 때문에 '서서히' 늙어 가다가 죽는 것이다. 만물에는 이런 모순이 존재한다. 과학 시간에 배우는 원심력과 구심력, 덧셈과 뺄셈, 온기와 냉기 등은 모두 서로 모순을 이룬다. 그리고 이런 모순은 사람이나 사물, 사건에서 나타나는 모든 변화의 원인이 된다. 냉기와 온기가 작용하기 때문에 사물은 서서히 식거나 서서히 더워진다.

또 사람의 마음에는 자기가 아는 사람에 대해 좋아하는 마음과 싫어하는 마음이 함께 있기 때문에 서서히 좋아지거나 서서히 싫어지거나 하는 것이다. 또 좋아하는 마음이라도 항상 같은 것이 아니라 어떤 측면이 더 좋아지거나 덜 좋아지는 것이다. 그리고 우리가 사는 사회에도 모순이 존재한다.

사회에는 늘 현재 상태를 유지하려는 세력과 변화시키려는 세력이 존재한다. 이 때문에 사회가 하룻밤 사이에 뒤바뀌지도 않고 또 늘 그대로 머물 수도 없는 것이다. 두 세력이 서로 작용하기 때문에 사회는 시간을 두고서 변하게 된다. 물론 어느 세력이 더 강하냐에 따라서 변화 속도가 달라지기도 한다.

헤겔에 따르면, 이 세상 모든 것 안에서는 자신을 긍정하는 힘과 자신을 부정하는 힘이 함께 작용하고 있다. 사람을 예로 들면, 우리는 자신을 긍정하고 사랑한다. 자신을 긍정하고 사랑하지 못한다면 세상을 살고 싶은 마음도 들지 않을 것이다. 하지만 우리는 늘 스스로에게 완전히 만족하며 살기는 어렵다. 우리 마음속에는 언제나 지금보다 더 똑똑해지고 싶고, 지금보다 더 아름다워지고 싶고, 지금보다 더 부모님께 잘하고 싶다는 등의 생각이 있다. 이것은 우리가 현재의 모습에 만족하지 못하기 때문에 드는 생각이다. 달리 말하면, 이것은 좀 더 긍정적이고 사랑스런 모습이 되고 싶어서 현재의 우리를 부정하는 생각이다.

이처럼 우리 안에서는 자신을 긍정하는 힘과 부정하는 힘이 늘 함께 작용하고 있다. 현재의 어떤 모습을 긍정하다가 이를 부정하면서 우리는 조금씩 바뀐다. 그렇게 해서 좀 더 긍정적인 모습으로 바뀔 수 있다. 그리고 이런 변화는 단 한 번으로 그치지 않는다. 우리가 스스로를 긍정하고 부정하고 다시 긍정하고 다시 부정하고 하는 과정은 평생 계속된다.

헤겔은 이런 변화의 운동 과정을 변증법이라고 불렀다. 물론 변증법적 운동을 하는 것은 사람만이 아니다. 이 세상의 모든 것이 이런 운동을 한다. 또 다른 예로 식물을 들 수 있다. 은행 씨앗은 스스로를 부정해야 나무가 될 수 있다. 은행 씨앗 안에 스스로를 부정하는 힘이 없다면 씨앗은 씨앗으로 머물고 끝내 나무가 되지 못할 것이다. 이것은 씨앗에서 생겨난 나무도 마찬가지이다. 나무는 자신의 현재 모습을 부정하는 힘을 가져야 더 큰 나무로 성장할 수 있으며 열매나 씨앗도 맺을 수 있다.

case 1 인간의 정신이 발전하는 과정은 역사의 발전과도 깊은 연관이 있다. 헤겔에 따르면 정신은 끝없이 무엇인가를 알려 하고 다른 정신과 다투고 경쟁하는 가운데 발전하여 절대정신으로 완성된다. 즉 정신은 절대정신을 목표로 하여 발전해 나간다. 인간의 역사도 이와 마찬가지이다. 헤겔은 역사를 어떠한 사건들이 서로 아무 연관 없이 우연하게 연속적으로 일어나는 과정이 아닌 어떤 목표를 향해 나가는 필연적 과정이라고 보았다.

헤겔은 세상의 모든 것이 변증법적 운동을 한다고 말한다. 그렇다면 인간의 역사도 정, 반, 합의 운동을 하면서 점점 더 높은 단계로 발전한다고 보아야 한다. 그렇다면 역사는 어떤 목표를 향해서 이렇게 발전하는 것일까? 헤겔에 따르면, 역사는 자유의 완성을 향해서 발전해 나간다. 그리고 지금까지의 역사는 인간의 자유가 점차 실현되어 온 과정이다.

사실 인간의 과거와 현재를 비교해 보면, 역사 속에서 인간은 점차 자유로워졌다고 볼 수 있다. 물론 이러한 역사 발전은 일직선과 같은 형태를 갖는 것이 아니다. 헤겔은 역사가 정 · 반 · 합을 계속하면서 나선형으로 진보한다고 생각한다.

case **1**　동물들은 본능적인 욕구에 따르면서 살아간다. 하지만 인간은 본능적 욕구에만 좌우되지 않고 또 다른 무엇인가를 원하며 살아간다. 인간은 여러 가지 점에서 동물과 구분되지만, 헤겔은 특히 본능을 넘어선 욕구를 느낀다는 점에 주목해서 인간과 동물을 구별한다. 그런데 인간은 자신의 욕구를 충족시키고 나면 이 욕구를 넘어서는 새로운 욕구를 느끼며 다시금 이를 충족시키려 한다. 인간은 이처럼 새로운 욕구들을 계속 만들어 가는 존재이다.

　그런데 인간은 홀로 사는 것이 아니라 사회를 이루며 살아간다. 따라서 욕구를 끝없이 만들어 내고 충족시키며 살아가는 개인은, 자신과 마찬가지로 새로운 욕구들을 만들어 내며 살아가는 다른 개인들과 관계를 맺을 수밖에 없다. 이러한 사회적 관계 속에서 개인은 자신의 욕구가 정당하다는 인정, 더 나아가 자신이 괜찮은 사람이라는 인정을 받고 싶어 한다. 그리고 모든 개인이 이것을 원하기 때문에 사회에서는 개인들이 서로 인정받으려는 투쟁이 일어난다. 하지만 사회에서 이런 인정은 목소리를 높인다거나 주먹을 휘둘러서 얻을 수 있는 것이 아니다. 그런 식으로 다른 사람들을 압박하는 것으로는 참된 인정을 얻을 수 없다.

　사회에서 사람들이 인정을 얻는 것은 노동을 통해서이다. 즉 노동은 개인이 다른 사람들로부터 인정을 얻을 수 있는 수단이다.

철학자가 들려주는 철학이야기 015

그람시가 들려주는 헤게모니 이야기

저자_박민수

연세대학교 독문과를 졸업하고 동 대학원에서 석사 학위를 받았다. 지금은 독일 베를린 자유대학에서 '근대 미학에서 미적 가상의 개념'이란 주제로 박사 논문을 준비하고 있다. 전문 번역가로도 일하고 있으며, 그동안 번역한 책으로는 《우리의 포스트모던적 모던》,《데리다-니체, 니체-데리다》,《신의 독약》,《책벌레》,《크라바트》 등이 있다.

01강 빈부 차이가 없는 사회

case 1 **그람시가 보았던 이탈리아 사회의 문제는 무엇이었는지 다음 제시문을 참고해서 설명하시오.**

그람시는 어릴 때부터 가난과 신체적 장애라는 이중적 고통을 경험하면서 빈곤, 불평등, 부패, 부정 등의 문제에 눈을 뜨게 되었다.

– 《그람시가 들려주는 헤게모니 이야기》 중에서

이탈리아는 남부 지역과 북부 지역의 차이점도 많고 그 분열과 대립이 매우 심했던 국가이다. 전통적으로 남부 지역은 농촌 지역이고 부익부 빈익빈이 크게 나타나는 지역이었던, 반면 북부 지역은 19세기 말부터 산업 시설이 들어서면서 기업가, 노동자, 사무직, 공무원 등 다양한 집단이 살고 있는 지역이었다.

북부는 경제적으로도 발전하였을 뿐만 아니라 교육, 문화 등 다양한 부문에서 남부보다 발전된 지역이었다. 문화와 전통이 상이한 남부 지역과 북부 지역은 19세기부터 그 차이점이 더욱 크게 나타나기 시작하였다.

(……)

그람시가 태어난 곳은 남부 지역이었다.

– 《그람시가 들려주는 헤게모니 이야기》 중에서

자본주의 경제 체제는 17~18세기에 서양에서 형성된 경제 체제이다. 자본주의 경제 체제란 생산을 할 수 있는 수단, 즉 토지와 자본이 사유화되어 있는 경제 체제를 말한다. 즉 자본주의 경제 체제는 사유 재산제가 확립되어 있는 경제 질서이다. 이러한 체제에서는 개인이 자신이 가진 토지나 자본으로 자유롭게 돈을 벌 수 있다. 또 그렇게 번 돈으로 자유롭게 소비 생활을 할 수 있다. 대한민국도 자본주의 사회이다.

그런데 자본주의 경제 체제는 장점도 있지만 심각한 단점도 가지고 있다. 자본주의 경제 체제에서는 부(富)와 소득 분배의 지나친 불평등 현상이 나타날 가능성이 크다. 자본주의 경제 체제에서는 소득을 발생시키는 재산이 사유화되어 있기 때문이다.

한 사회에서 부와 소득이 지나치게 불평등하게 되면 다수의 빈민이 발생한다. 빈민은 기본적인 생계를 유지하는 것조차도 어려워지고 자녀를 제대로 양육하지 못할 뿐만 아니라 교육도 제대로 시키지 못하게 된다. 그렇기 때문에 빈민의 가난은 자녀에게로 이어질 가능성이 크다.

생각 쓰기

오랜 옛날부터 사람들은 현실 사회에 만연된 궁핍과 억압에 시달리면서, 그러한 억압에서 해방된 이상적 사회를 동경해 왔다. 이상적 사회란 인간이 바람직하다고 생각하는 사회의 모습이며, 사회주의 사회도 그러한 이상 사회 가운데 하나이다. 사회주의 사회에 관한 사상은 고대에서부터 나타나는 다양한 사상에 뿌리를 두고 있지만 그 현대적 이론은 독일 철학자 카를 마르크스에 의해 마련되었다.

사회주의 사상이 무엇이지 이해하려면 먼저 자본주의의 성격부터 파악해야 한다. 자본주의는 사유 재산제를 근간으로 하는 경제 체제이다. 이러한 자본주의는 유럽의 경제적 성장에 크게 기여했지만 산업화 초기 과정에서는 심각한 경제적 불평등 문제를 야기했다. 이 문제를 해결하려던 사회주의 사상가들은 사회주의의 특징을 다음과 같이 설명했다.

먼저 사회주의는 인간이 고립된 존재가 아니라 상호 의존적인 존재임을 강조하고 개인의 능력도 개인만의 소유물이 아니라 사회적 의미를 가진다고 본다. 또 사회주의는 생산 수단의 공동 소유와 통제를 주장한다. 사회주의는 자본주의의 문제가 사유 재산제에서 비롯되므로 이러한 조처에 의해 불평등 문제를 해소할 수 있다고 본다. 그리고 사회주의는 경제적 불평등 문제를 중요한 문제로 보기 때문에 생산보다 분배에 초점을 맞추고 있다.

　이러한 사회주의를 실현하려는 사람들에 의해 1917년 러시아에서 혁명이 일어났고, 그 이후 사회주의 국가들이 여럿 생겨났다. 하지만 이런 국가들에서도 사람들이 원했던 이상적 사회는 형성되지 않았다. 이상적 사회는 생각만큼 쉽게 만들어지지 않았던 것이다. 오늘날 사회주의를 표방하는 나라는 소수만이 남아 있다.

1 사유 재산제

　사유 재산제란 토지와 같은 생산 수단과 재물을 개인이 소유하는 것을 제도적 · 법률적으로 인정하는 제도를 말한다. 자본주의 사회는 이러한 사유 재산제를 근본으로 하는 사회이다. 즉 자본주의 사회에서는 토지나 공장, 기업 등을 개인이 가질 수 있으며 이를 이용해서 돈을 벌 수 있다. 그런데 자본주의 사회에서는 이 때문에 불평등의 문제가 생긴다. 즉 재물을 가진 사람은 그 재물을 이용해서 더 많은 재물을 모을 가능성이 크지만, 애초부터 재물이 없는 사람은 돈을 벌 수 있는 기회가 적다. 이 때문에 자본주의 사회에서는 부익부 빈익빈 현상이 나타난다. 사회주의는 이런 자본주의의 문제점을 해결하기 위해 나타난 사상이다. 즉 사회주의는 사유 재산제를 인정하지 않는 사회를 추구한다. 모든 생산 수단을 국가가 관리하고 개인은 가질 수 없게 함으로써 평등한 사회를 만들려 하는 것이다. 그러나 사회주의의 이러한 시도는 성공하지 못했으며, 사회주의 국가에서도 다른 많은 문제들이 발생했다. 오늘날 발전된 자본주의 사회에서는 사유 재산제를 인정하면서도 부익부 빈익빈 문제가 완화되도록 정부가 적극적으로 개입하는 복지 정책을 쓰고 있다.

2 경제적 불평등

　경제적 불평등이란 한 사회에서 모든 사람이 똑같이 부를 누리지 못하는 것을 말한다. 어느 사회에나 경제적 불평등은 있지만 이러한 불평등이 심해지면 사회 양극화 현상이 나타난다. 사회 구성원이 아주 부유한 소수의 사람들과 지극히 가난한 다수의 사람들로 나뉘는 것이다. 이처럼 불평등 현상이 심해지면 그 사회는 불안정해지고 위기에 처할 수밖에 없다.

02_강 헤게모니

case 1 다음 제시문을 읽고 그람시가 말하는 헤게모니가 무엇인지 설명하시오.

"모두 다 알고 계시듯 우리 학교는 좋은 학교입니다. 그러나 얼마 전까지만 해도 좋은 학교에 다니는 전 좋은 학교 학생이 아니었습니다. 싸움짱이었으니까요. 하지만 전 지금은 싸움짱이 아니라, 누가 만들어 준 껍데기뿐인 학생회장이 아니라, 진짜 멋있는 짱이 되고 싶습니다. 힘이라는 건 혼자서 억지를 부린다고 가질 수 있는 게 아니라는 걸 알았기 때문입니다. 스스로 구한 게 아니라면, 누구나 진심에서 인정하는 힘이 아니라면, 그 힘이 무슨 의미가 있겠습니까? 힘이 세면 남을 쉽게 이길 수 있습니다. 그러나 힘으로 이긴 친구들은 진짜 친구가 아닙니다. 앞에선 따르는 척해도 뒤에서는 욕을 하고 미워하거든요. 바로 제가 그랬으니까요. 맞아서, 아파서, 무서워서 저를 따르는 친구는 많았지만, 진심으로 저를 걱정해 주는 친구는 없었습니다."

(······)

"그럼 오늘은 그람시의 헤게모니에 대해 배워 볼까? 호수가 한 연설에는 아주 중요한 내용이 있어. 억지로 갖는 힘이 아니라 주변에서 인정하는 힘이 의미 있는 것이라 했지? 헤게모니라는 말도 이를테면 힘이라는 거야. 그람시는 특히 이 말을 서구 사회의 정치를 분석할 때 썼지만, 꼭 그렇게 거창하게 쓰지 않아도 될 것 같구나. 너희들한테도 해당되는 말이니까."

(……)

"그람시는 강제와 동의가 결합된 것이 헤게모니라고 했단다."

"강제?"

"응. 억지로 시키거나 당하는 걸 강제라고 하지. 스스로 하는 게 아니라는 뜻이야."

"그럼 동의는 뭐야?"

"강제의 반대라고 할 수 있겠지. 자발적으로, 즉 스스로 하는 거니까. 그런데 이 두 가지가 결합해서 헤게모니가……."

"잠깐! 형, 강제면 강제고 동의면 동의지, 어떻게 정반대되는 걸 합쳐?"

– 《그람시가 들려주는 헤게모니 이야기》 중에서

생각 쓰기

❶ 19세기 중반부터 서구 여러 나라에서는 사회주의 사회의 건설을 목표로 하는 운동이 활발히 일어났다. 그리고 마침내 1917년 러시아에서는 레닌의 주도로 사회주의 혁명이 일어났고 최초의 사회주의 정권이 탄생했다. 서구의 여러 지식인과 노동자들이 이 혁명에 열광했다.

❷ "헤게모니에 대해 이해한 것 같으니 한 가지 더 배우기로 할까? 포디즘이 뭔지 기억하지? 그람시는 포디즘이야말로 자본가가 헤게모니를 가질 수 있도록 한다고 보았단다."

"자본가?"

"응, 자본을 가진 사람. 공장주라든가 회사 사장이라든가."

(……)

"응. 포디즘이랑은 무슨 상관이 있는 건데?"

"포디즘은 대량생산과 높은 임금이 특징이라고 했지? 높은 임금은 채찍과 당근 중에 뭘까?"

"당근이요!"

(……)

　"돈을 많이 주는 사장에게 노동자가 무슨 불만이 있겠니? 순순히 시키는 대로 동의하겠지. 그래서 그람시의 말대로 공장에서 자본가가 헤게모니를 갖게 된 거란다. 좀 더 넓게 생각해 볼까? 자본이 사회의 중요한 축이 되는 자본주의 사회에서는 역시 자본가가 공장이나 회사뿐만이 아니라 사회에서도 헤게모니를 갖게 되지 않을까?"

　"맞아! 우리 학교만 해도 돈 많은 사람이 힘이 센걸. 강하네, 엄마처럼."

　"그래. 학교뿐만이 아니라 사회 전체가 다 그렇지. 그런 걸 사회 구조적인 문제라고 한단다."

— 《그람시가 들려주는 헤게모니 이야기》 중에서

❸　언뜻 보기에 헤게모니적 지배는 나름대로 도덕적인 측면을 포함하므로 마치 지배계급이 피지배계급에게 은혜를 베푸는 것처럼 여겨지기도 한다. 그러나 그람시의 생각으로는 결코 그렇지 않다. 지배계급이 자신의 이익만을 추구하고 피지배계급이 일방적으로 희생할 것을 강요한다면 오히려 피지배계급을 완벽하게 지배할 수 없다. 그래서 지배계급은 자신의 이익을 어느 정도 희생하고 양보하며 피지배계급과 적당한 선에서 타협과 협상을 함으로써 지배한다. 그럼으로써 피지배계급의 혁명을 예방하는 것이다.

생각 쓰기

1 사회주의 혁명

사회주의 혁명은 자본주의 체제를 변혁하여 사회주의로 이행하기 위한 혁명을 말한다. 사회주의 혁명에 대한 체계적 이론은 독일 사상가 카를 마르크스가 처음 제시했다. 이 이론은 러시아의 레닌과 트로츠키, 독일의 로자 룩셈부르크, 이탈리아의 그람시 등이 더욱 발전시켰다. 사회주의 혁명이 실제로 일어난 나라로는 러시아, 중국, 쿠바 등이 있다.

2 계급

계급은 한 사회에서 부나 사회적 지위 등이 불평등하게 배분됨으로써 사람들이 상하, 우열, 빈부, 지배와 피지배 등과 같은 비대칭적 집단으로 나뉠 때 각각 동등한 사람들의 집단을 가리킨다. 역사적으로 조선 시대의 양반과 상민, 천민, 서양 중세의 성직자, 귀족, 농노 등은 그 당시의 계급을 잘 보여 주고 있다. 초기 자본주의 사회에서는 자본가 계급과 노동자, 농민 계급이 현격하게 구분되었다.

03강 이행 전략

case 1 다음 제시문을 참고해서 그람시가 주장하는 이행 전략이 무엇인지 설명해 보시오.

그람시는 서구 사회에 문제점이 매우 많다고 봤어요. 그런데 어느 나라도 망하거나 하진 않아서 그게 너무 궁금했대요.

(……)

그 답이 뭐냐고요?

(……)

서구 사회는 지배자들이 헤게모니를 갖고 있었어요. 그들은 자신들이 생각하는 것을 대중에게 적극적으로 알렸지요. 세계관이라든가 가치관 같은 것을요. 그래서 사람들은 별 저항 없이 그 생각들을 받아들였고, 결과적으로는 그게 자발적 동의가 된 거죠. 생각나죠? 당근! 그래서 큰 문제없이 통제가 가능하게 되었대요.

그런데 호수가 어떻게 그걸 자신의 문제와 연결했냐고요? 서구 사회를 자신의 학교로 바꿔서 생각한 거예요. 지금 헤게모니를 갖고 있는 사람은 강하잖아요. 그래서 그 헤게모니를 자신에게로 옮겨 오게 해야겠다고 결심한 거죠. 그런데 생각한다고 해서 그게 다 이루어지는 건 아니잖아요. 그래서 작전이 필요했죠.

– 《그람시가 들려주는 헤게모니 이야기》 중에서

생각 쓰기

그람시는 쉬운 일은 아니겠지만 새로운 사회로 옮겨 가려면 작전이 필요한데 그걸 이행 전략이라고 불렀어요. 그리고 또 머리 싸매고 쥐어뜯으며 고민했죠. 거기까지는 알겠는데 그 다음은? 이행 전략을 성공시키기 위해서는? 그러곤 답을 찾았죠! 뭐냐고요?

(……)

아, 진지전이 필요하다고 했어요. 그러니까 헤게모니를 옮겨 오기 위해서는 이행 전략과 진지전이 필요하다는 결론이 나온 거죠.

(……)

"그럼 지금은 누가 헤게모니를 갖고 있니?"

"분하지만 강하인 것 같아요."

"그럼 어떻게 해야 할까?"

"헤게모니를 제 쪽으로 옮겨야지요!"

"한 곳에서 다른 곳으로 헤게모니를 옮기기 위해 필요한 일종의 작전을 이행 전략이라고 하는 거야. 이행 전략을 위해 진지전이 필요한 거고."

"진지라는 건 진지해야 한다는 건가요?"

“아니. 그 진지가 아니라 전쟁에서 쓰이는 말인데, 아주 견고하고 중요한 공간을 말하는 거야. 너희가 차지해야 하는 진지가 어디인지 알겠니?”

“학……교?”

“응. 헤게모니를 갖기 위해서는 뭐가 필요하다고 했지?”

“당근과 채찍이니까 동의와 강제. 아, 학교의 헤게모니를 장악하려면 아이들의 지지와 동의를 얻어야 해요!”

(……)

“네. 그런데 어떤 방법이 좋을까요?”

“글쎄. 그람시는 진지전에서 특히 지식인의 역할을 강조했단다. 자신들의 이해관계를 대변할 수 있는 지식인을 유기적 지식인이라고 하지.”

“유기적 지식인?”

“그들은 사람들과의 결합을 강조하고 그들의 느낌, 이해, 열정에 관심을 갖는단다.”

“음.”

“그들의 관심을 불러일으키기 위해선 너희의 생각을 알려야겠지?”

“네. 그러데 어떻게?”

“쉽게 생각해. 사람들이 사회에 이런저런 일이 일어나는 걸 어떻게 알지?”

“그야 텔레비전이나 신문. 아, 신문! 어린이 신문을 만들면……!”

– 《그람시가 들려주는 헤게모니 이야기》 중에서

생각 쓰기

1 전략

전략은 싸움이나 경쟁에 이기기 위해서 생각하고 동원하는 기본적 방침과 술수, 기술 등을 가리키는 말이다.

2 지식인

지식인은 일정한 수준 이상의 지식과 문화적 교양을 갖춘 사람을 일컫는다. 지식인의 대부분은 문화계, 교육계, 정치계처럼 지적 분야에서 일한다. 하지만 지식과 관련된 분야에서 일하는 사람만을 지식인이라고 하지는 않는다. 지식인의 특성을 갖고 있는 사람이 공장이나 농촌에서 일하며 살 수도 있다.

아비투어 철학 논술

예시 답안

case 1 그람시는 어려서부터 가난을 직접 체험했다. 그가 살았던 곳은 가난한 소작농과 부유한 지주의 차이가 큰 지역, 불평등이 심각한 이탈리아 남부의 농촌 사회였다. 그런데 이러한 문제는 남부 지역 내에 국한된 문제가 아니었다. 이탈리아는 남부 지역 내의 빈부 차이도 컸지만 남부 지역과 북부 지역의 전체적인 경제적·문화적 수준도 엄청난 차이를 보였던 것이다. 그리고 남부보다 더 나은 생활을 한다는 북부 지역 내에도 빈부 차이는 있었다. 도시 노동자들의 생활은 농부들의 생활보다는 조금 나았지만 기업가의 생활과는 비교할 수 없는 것이었고 사무직이나 공무원에 비해서도 형편없었다. 다시 말해 빈부 문제는 어느 곳에나 있으면서 지역마다 독특한 구조를 갖고 있었고 지역 간에도 빈부 차이가 있었던 것이다.

그람시는 이런 문제의 근본적인 원인이 자본주의 경제 체제에 있다고 보았다. 자본주의는 사유 재산제가 확립되어 있는 경제 체제이다. 즉 자본주의에서는 생산 수단을 개인이 소유하는 것이 인정된다. 여기서 생산 수단이란 토지나 자본처럼 돈을 벌 수 있는 무엇인가를 만들어 낼 수 있는 수단을 말한다. 그런데 자본주의에서 개인이 이러한 생산 수단을 가질 수 있다는 것이 모든 개인이 그것을 가질 수 있음을 뜻하는 것은 아니다. 가질 수 있는 능력이 되는 개인은 가질 수 있고 더 많이 모을 수도 있지만, 능력이 없는 개인은 가질 수 없다는 뜻이다. 다시 말해 자본주의에서 생산 수단은 모든 사람에게 고르게 분배되지 않고 일부 사람만의 소유가 된다. 바로 이 때문에 자본주의에서는 빈부 차이가 생길 수밖에 없다. 그람시는 사회가 자본주의 체제를 유지하는 한은 빈부 문제가 해결될 수 없다고 보았다.

case 2 사회주의 사상은 자본주의가 발전하고 있었던 근대에 형성되었다. 사회주의 사상은 자본주의의 많은 문제점으로 인해 대다수 사람들이 고통받고 있으므로 새로운 이상적 사회, 즉 사회주의 사회를 건설해야 한다는 이념을 표방하고 있다.

사회주의 사상가들이 가장 먼저 비판한 자본주의의 문제점은 사유 재산제였다. 자본주의 사회의 극심한 빈부 차이, 즉 경제적 불평등은 생산 수단의 개인 소유를 인정하기 때문에 생긴다고 보았다. 그래서 사회주의 사상가들은 사유 재산제를 없애야 한다고 주장했다. 인간은 고립되어 사는 존재가 아니라 함께 모여 돕고 사는 존재인데, 소수의 개인들이 생산 수단을 독점해서 부를 쌓는 것은 말이 되지 않는다는 것이다. 따라서 생산 수단을 공동 소유로 하고 여기서 생산된 재화와 부는 평등하게 나눠 가져야 한다는 것이 사회주의 사상가들의 주장이었다.

자본주의 초기 과정에서는 실제로 경제적 불평등이 심했고 많은 사람들이 극심한 가난 때문에 고통을 겪었다. 그래서 여러 가난한 사람들과 지식인들이 강제적이고 폭력적인 수단에 의해 자본주의를 무너뜨리고 사회주의 사회를 건설해야 한다고 생각했다. 그리고 1917년 러시아에서는 정말로 사회주의 혁명이 일어났고, 뒤이어 다른 많은 나라에서 사회주의 정부가 수립되었다. 하지만 현실은 이상과 달랐고, 사회주의 사회에서는 자본주의 사회에서보다 더 많은 문제점이 나타났다. 그래서 많은 사회주의 국가들이 다시 자본주의 체제로 돌아갔다.

case 1 헤게모니란 말은 기본적으로는 다른 사람들에 대한 힘, 다른 사람들에 대한 지배라는 의미를 갖는다. 힘이나 지배를 생각하면 강제란 의미를 떠올리기 쉽다. 하지만 헤게모니는 그저 강제적인 지배가 아니라 '강제와 동의에 근거한 지배'를 뜻한다. 헤게모니의 의미는 '채찍과 당근'을 생각하면 이해하기 쉽다.

인간 사회에는 명령하고 통치하는 사람과 그런 명령과 통치를 받는 사람이 있게 마련이다. 즉 인간 사회에는 지배자와 피지배자가 있다. 이는 민주주의가 발전한 사회에서도 마찬가지이다. 민주주의 사회에서도 정치가나 고위 공무원들이 일반 국민을 지배하며, 또 돈이 많은 자본가들이 사회적으로 큰 영향력을 갖는다.

과거에는 지배자들이 사람들을 지배할 때 강제 수단을 주로 사용했다. 임금이나 왕이 지배했던 시대를 생각해 보면 그렇다. 그러나 현대 사회, 특히 민주주의 사회에서는 강제와 동의가 결합된 방식으로 지배가 이뤄진다. 정치가들이 권력으로 무조건 억누르지 않고 국민의 자발적 동의를 얻는 방식으로 통치를 하는 것이다. 이것이 바로 헤게모니이다.

case 2 17~18세기에 시작된 자본주의는 서구의 경제를 크게 발전시켰지만 심각한 문제점도 드러냈다. 심각한 경제적 불평등 문제를 야기한 것이다. 즉 자본주의 발전의 초기 단계에서는 사회적 재화를 소수가 독점하고 대다수 국민은 극심한 가난에 시달리는 현상이 나타났다.

이 때문에 여러 사상가들은 자본주의를 사회주의로 변혁해야 한다고 생각했다. 사회주의적 변혁의 핵심 내용은 자본가들이 독점한 생산 수단을 모두 빼앗아 사회의 공동 소유로 만드는 것이었다. 실제로 1917년 러시아에서는 사회주의 혁명이 일어났고, 서구의 많은 지식인들과 노동자들이 이 혁명을 환영했다. 그리고 사회주의 혁명이 서구의 다른 나라에서도 일어나기를 희망했다.

하지만 자본주의가 고도로 발전한 영국이나 프랑스, 미국, 독일 등지에서는 혁명이 일어나지 않았다. 이것은 단순히 자본가들과 정치가들이 폭력적인 방법만을 썼기 때문이 아니다. 이런 나라들의 자본가와 정치가들은 훨씬 더 탄력적인 방법으로 가난한 사람들의 불만을 무마시켰다.

이는 포디즘을 통해서 확인할 수 있는 사실이다. 미국의 포드 자동차 회사에서는 대량생산 방식으로 생산 원가를 낮추어 높은 소득을 올리자 그 일부를 노동자에게 나눠주었다. 즉 노동자들의 임금을 대폭 올려 주었던 것이다. 그리고 노동자들은 이에 만족했기 때문에 사회 변혁에는 그다지 관심을 갖지 않게 되었다.

이러한 포드 회사의 정책, 즉 포디즘을 그람시는 헤게모니의 전형이라고 보았다. 즉 노동자에게 당근을 주어 혁명 같은 것은 생각하지 못하게 하는 것이다. 물론 이렇게 해도 말을 듣지 않는 노동자는 해직이라는 채찍으로 다스리면 되었다. 그 후 미국을 비롯한 여러 서구 사회에서는 점차 포디즘 방식을 도입했다.

case 1 서구 사회의 지배자들과 자본가들은 헤게모니에 의해서 사람들을 지배했고 그런 방식으로 혁명을 방지했다. 즉 사람들에게서 자발적 동의를 얻어내는 통치 방식을 주로 사용했던 것이다. 하지만 이렇게 자발적 동의를 얻어내는 과정에서 사람들에게 재화를 좀 더 나눠주는 방식만을 썼던 것은 아니다.

서구 사회의 지배자들은 무엇보다 교육과 언론을 통해서 서구 사회의 체제가 다른 체제보다 우월한 것임을 선전했다. 예를 들어 지배자들은 사유 재산제를 뒷받침하는 개인주의나 자유주의가 바람직한 세계관이자 가치관임을 끊임없이 알리고 가르쳤다. 말하자면 사람들의 의식과 생각에서부터 자발적 동의를 이끌어 냈던 것이다.

그람시에 의하면, 헤게모니에 의해 이처럼 끄떡없이 버티는 서구 사회를 변혁시키려면 전략이 필요했다. 이 전략은 사회주의로의 이행, 달리 말해 자본가가 쥐고 있는 헤게모니를 다른 세력에게 옮기는 것을 목표로 하는 것이었다. 그래서 그람시는 이 전략을 이행 전략이라고 불렀다.

case 2 그람시는 자본주의 사회를 변혁해서 새로운 사회로 이행하려면 전략이 필요하다고 보았다. 그것을 이행 전략이라고 부른다. 그리고 이행 전략의 핵심을 '진지전' 이라고 보았다. 진지전은 진지를 구축하고 장기적인 전투를 치르는 것을 말한다.

서구 사회에서는 지배자들이 헤게모니를 쥐고 있다. 즉 강제의 방법을 쓰기도 하지만 주로 사람들에게서 자발적인 동의를 얻어 내는 방식으로 통치한다. 따라서 사회를 변혁하려는 사람들은 지배자들만 몰아내려 할 경우에는 새로운 사회로의 이행에 절대로 성공하지 못한다. 지배자들에게 자발적으로 동의하는 많은 사람들이 사회를 변혁하려는 세력에 동조하지 않을 것이기 때문이다. 따라서 변혁을 원하는 세력은 단숨에 적을 섬멸하려는 기동전을 벌이지 말고 장기적인 진지전을 수행해야 한다.

사람들이 지배자들에게 자발적으로 동의하는 주된 원인 중 하나는 지배자들이 전파하는 가치관과 세계관을 받아들이고 있다는 점에 있다. 따라서 진지전에서는 무엇보다 이런 세계관과 가치관이 잘못된 것임을 알리는 것이 중요하다. 다시 말해 새로운 가치관과 세계관을 사람들에게 전파해야 한다. 이것이 진지전의 핵심이다.

그런데 가치관이나 세계관은 주로 사상이나 지식과 관련된 문제이다. 따라서 진지전에서는 지식인의 역할이 중요하다. 물론 진지전에서 싸워야 하는 지식인은 그저 지식이 많은 사람이어서는 안 되고 사회의 변혁과 새로운 사회에 대한 믿음이 있는 사람이어야 한다. 그람시는 이런 지식인을 '유기적 지식인' 이라고 부른다.

철학자가 들려주는 철학이야기 016

프로이트가 들려주는 마음 이야기

저자_박민수

연세대학교 독문과를 졸업하고 동 대학원에서 석사 학위를 받았다. 지금은 독일 베를린 자유대학에서 '근대 미학에서 미적 가상의 개념' 이란 주제로 박사 논문을 준비하고 있다. 전문 번역가로도 일하고 있으며, 그동안 번역한 책으로는 《우리의 포스트모던적 모던》, 《데리다-니체, 니체-데리다》, 《신의 독약》, 《책벌레》, 《크라바트》 등이 있다.

case 1 프로이트는 인간의 마음을 '원초아 – 자아 – 초자아'로 구분한다. 다음 제시문을 참고해서 이에 관해 설명하시오.

"프로이트는 우리 마음이 서로 갈등하는 원초아, 자아, 초자아로 이뤄져 있다고 했어. 이 중에 의식에서 무의식까지 걸쳐져 있는 것이 자아와 초자아이고, 원초아는 무의식에 자리 잡고 있단다. 그런데 무의식에 자리 잡고 있는 원초아는 태어나면서부터 가지고 있는 건데, 철저하게 쾌락을 추구하고 고통을 회피한단다. 그래서 자아가 현실, 도덕과 충돌하는 원초아의 욕구를 통제하고 조절하는 거야. 마음과 몸이 다 건강한 사람은 이 세 부분이 서로 사이좋게 지내면서 서로 이해하고 재미있게 지낸단다."

– 《프로이트가 들려주는 마음 이야기》 중에서

생각 쓰기

㉮ 순이는 백화점에서 마음에 드는 반지를 발견했다. 하지만 가진 돈이 없었다. 그런데 주변에는 사람이 별로 없고 판매원 언니도 다른 일에 신경을 쓰고 있었다. 순이는 반지를 훔칠까 말까 잠시 망설였다. 하지만 도둑질을 하면 안 된다는 생각이 들어서 그 자리를 떴다. 그런데 며칠이 지나도 그 반지가 생각나고 반드시 갖고 싶다는 생각이 들었다. 순이는 한 달간 아르바이트를 해서 그 반지를 샀다.

㉯ 무더운 날이라 철수는 목이 몹시 말랐다. 그런데 옆집 꼬마 정수가 콜라를 잔뜩 담은 봉지를 들고 가는 게 보였다. 철수는 정말로 콜라가 먹고 싶었다. 그래서 정수에게 말을 걸면서 슬그머니 콜라 캔 하나를 훔쳤다. 그러나 그 후로 철수는 자신이 뭔가 잘못을 저질렀다는 생각에서 벗어날 수 없었다.

㉰ 강호는 같은 반 친구인 순옥이가 너무 좋았다. 그런데 어느 날 순옥이가 무척 예쁜 원피스를 입고 학교에 왔다. 강호는 아무도 없는 곳에서 순옥이를 무조건 껴안고 싶었다. 하지만 그래서는 안 될 것 같았다. 그날 밤 강호는 꿈속에서 순옥이를 껴안았다.

case 1 다음 제시문을 읽고 프로이트는 '불안'을 어떻게 정의하고 있는지 서술하시오.

"불안을 통해서 사람은 무엇인가 마음속에서 평소와는 달리 잘못되었다는 것을 알게 되지. 그러니까 우리 마음속에서 울리는 경보장치와 비슷한 거야. 불안이 '이봐, 지금 뭔가가 좀 이상해. 잘 좀 살펴 봐' 라고 말하면, 자아 또는 의식은 자신의 심리 상태를 전달받고 '앗, 그렇구나. 이러면 안 되는데, 무슨 방법을 찾아보아야지. 그런데 어디가 어떻게 잘못된 거지?' 하면서 문제를 찾아 나서는 거야. 이 말은 한편으로 자아가 약해져서 위험에 처했다는 뜻이기도 하지."

"맞아요. 불안하면 집중도 안 되고 머리만 멍해지는 것 같아요. 좀 엉뚱하긴 하지만 불안을 안 느낄 수는 없을까요?"

"모든 사람들은 살아가면서 원초아와 자아, 그리고 초자아 사이에서 갈등을 느끼게 마련이란다. 불안이 아주 없는 상황은 아주 드물지. 이 말은 모든 불안이 다 자아를 해치는 것이 아니라는 뜻이야. 대부분의 불안은 생활하면서 저절로 해결되는 것이기 때문에 문제가 되지 않는단다. 하지만 불안은 단순한 고통이나 슬픔

과는 뚜렷하게 구별되는 느낌으로 무엇엔가 쫓기는 듯한 '공포감' 과 비슷하다고
할까?"

–《프로이트가 들려주는 마음 이야기》 중에서

case 2 프로이트는 '불안'에 세 가지 종류가 있다고 한다. 다음 제시문을 참고해서 이에 관해 설명하시오. 그리고 현실적 불안을 예로 들어서 불안이 우리에게 긍정적이기도 하다는 점도 설명하시오.

"참, 아저씨! 아까 아저씨가 불안해서 꿈자리가 어수선하다고 하셨잖아요? 불안한 것하고 꿈은 무슨 연관이 있나요? 사실은요……."

나는 화장실 이야기만 쏙 빼놓고 수학경시 날인데 시험을 보지 못한 꿈을 꾸었다는 말씀을 드렸습니다.

"제가 그런 꿈을 꾼 건 분명 불안해서 그런 것 같아요. 아저씨가 불안하다, 꿈이 어수선하다, 하는 말이 제 마음에 와 닿은 것 같거든요."

"음, 그래 확실히 시험에 대한 불안, 다시 말하면 시험을 잘 보아야 하는데 그렇지 않으면 어쩌지? 하는 불안한 마음에서 그런 꿈을 꾼 것 같구나."

(……)

불안은 세 가지 정도가 있다고 합니다. 우선 실제로 현실에서 어떤 일이 생겼을 때 판단하는 능력이 뛰어난 자아가 알아채는 불안이지요. 현실적인 불안이라고 해요. 내가 느낀 불안이 바로 여기에 해당되는 거겠죠? 둘째는 실제로 현실에서는 아무런 일도 생기지 않았는데, 생기는 불안이래요. 이유도 분명하지 않고 그냥 혼란스러운 상태의 불안이지요. 신경증적인 불안이라고 하는데 좀 심각할 것 같아요. 그리고 세 번째는 초자아가 계속해서 '안 돼, 그건 안 돼' 라고 말하면서 일으

키는 불안인데, 심하게 죄의식이나 부끄러움을 느낄 때 생기는 도덕적 불안이랍
니다.

–《프로이트가 들려주는 마음 이야기》 중에서

"자아는 해서는 안 되는 나쁜 여러 가지 생각이나 불안을 만들어 내는 원인을 밝은 의식으로 대하기가 너무나 싫기 때문에 의식 밖으로 밀어낸단다. 이런 방식이 곧 억압이지. 이렇게 해서 아예 사람이 기억하지 못하도록 하는 것이지. 예를 들면 우리가 아주 위험한 것을 보거나 경험하면 불안이 일어나는데, 이때 자아는 자기가 감당하기 어려운 큰 불안은 못 본 것처럼 의식에서 쫓아내서 무의식에 가두어 둔단다. 의식에서 밀어낸다는 것은 우리가 기억하지 못하도록 한다는 의미라는 것 알지? 그래서 어떤 일이 더 이상 기억이 안 되도록 하는 거지."

"그럼 자아가 억압하는 이유가 불쾌한 것과 마주치지 않으려고 하기 때문인가요? 예를 들면 괴롭히는 친구가 맞은편에서 오고 있을 때 마주치지 않으려고 다른 길로 가는 것처럼?"

"그렇지. 억압된 느낌이나 일은 다시는 사람들의 의식 속으로 들어올 수가 없단다."

– 《프로이트가 들려주는 마음 이야기》 중에서

"그럼 억압이라는 것은 불안을 일으키는 기분 나쁜 것들을 모두 기억 밖으로 쫓아내는 일이군요. 그러니까 무의식의 지하실로 내려 보내서 평생을 거기서 지내도록 하는 것 말이에요."

"그렇지!"

– 《프로이트가 들려주는 마음 이야기》 중에서

마음이란 첨단 안전장치가 있는 건물과 같다. 이 건물에서 화재가 나면 센서가 작동해서 자동적으로 셔터가 내려지고 화재의 진행을 막는다. 마음에도 그런 시스템이 있어서 어떤 불편한 기억이나 마음, 욕구 등이 나타나면 셔터가 내려지고 그런 불편한 것들은 무의식이라는 감옥으로 보내진다.

03_강 꿈

"그런데 아저씨, 저……, 꿈 이야기 말이에요. 뭔가 무의식과 관계가 있어서 그런 꿈을 꾼 것 같은데……."

"그래, 꿈! 꿈에 관한 것은 쉬운 것 같지만 어려운 부분이야."

"근데 대체 왜 꿈을 꾸는 거예요?"

꿈을 꾸지 않는다면 좀 심심하기는 하겠지만, 정말 꾸고 싶지 않은 꿈을 꾸고 나면 잠도 잔 것 같지 않아 몹시 피곤하기만 하지요.

"사람들이 잠을 자는 동안 꿈을 꾸는 이유는, 그때의 의식은 사람이 깨어 있을 때처럼 사방을 두리번거리면서 무의식을 감시하지 못하고 쉬기 때문이라고 보면 된단다. 말하자면, 무의식이 꿈을 통해서 평소에 이루지 못한 소원을 이루는 거지. 그래서 흔히 '꿈같은 일이지' 라든지, 현실에서는 불가능한 일을 '꿈에서라도' 할 수 있기를 바라지. 다른 말로 하면 의식이 잠든 틈을 이용해서 무의식은 지하실에서 나와서 한바탕 자기들의 파티를 하는 거지."

"무의식의 파티! 정말 너무나 멋있어요. 그러니까 무의식에 억압되어 있는 많은 소원들이 밤에 살짝 지하실에서 빠져나와서 잔치를 벌이는 거군요."

– 《프로이트가 들려주는 마음 이야기》 중에서

생각 쓰기

"꿈에는 여러 가지가 있단다. 아주 단순한 꿈은 소원을 어느 정도 알아 볼 수 있게 꾸지. 그래서 피하고 싶은 것이 있을 때는 날아서 도망을 간다든지, 먹고 싶은 것을 참아야 할 때, 맛있는 음식을 먹는다든지 하는 꿈을 꾸지만 늘 그런 것은 아니란다. 꿈은 어릴 때부터 꾹꾹 눌러서 숨겨 둔 본능적인 소원이, 최근에 일어나는 일과 얽혀서 표현되는 데다가, 아무리 의식이 잠을 자고 있다고는 해도 '코드' 가 아주 뽑아진 것은 아니지 않니? 그래서 의식은 쉬면서도 부끄러운 소원이 다 드러나면 창피하다는 것을 알고 있기 때문에 '검열' 하는 것을 완전히 멈추지는 않는단다. 그래서 들키지 않으려고 무의식의 본능은 '위장' 을 하고 '가면' 을 쓰고 나타나는 거지. 붙잡혀서 다시 억압되고 싶지 않은 거야. 그러니까 꿈에는 단순히 표현돼서 말하려는 것이 겉으로 나타난 것이 있고, 반면에 암호와 비밀 번호를 가져야만 풀 수 있는 숨어 있는 '내용' 이 있지. 이 숨어 있는 '잠재' 된 것에는 무의식을 열 수 있는 특별한 방법을 따로 사용해야 한단다. 그렇게 하지 않고는 잠재해 있는 내용이 무엇인지 전혀 알 수 없거든."

(······)

"왜냐하면 무의식은 위장을 하고 전혀 엉뚱한 모습으로 꿈에 나타나긴 하지만, 그것은 의식이 다시 쫓아내는 것을 피하려는 것이고, 무의식의 진심은 자기가 하

는 말을 들어 달라는 거야. 즉 무의식은 자기가 그렇게 나쁘고 추악한 악당이 아니
라는 말을 의식에게 전하고 싶은데, 꿈에서마저 의식은 쫓아낼 생각만 하니까, 가
면을 쓰고 동물로 변하기도 하고, 유명한 배우의 얼굴에다가 발레리나의 몸을 가
진 모습으로 변하기도 하지.”

–《프로이트가 들려주는 마음 이야기》 중에서

주 요 개 념 및 배 경 지 식

꿈의 위장과 가면

프로이트에 따르면 꿈은 무의식의 산물이다. 그런데 무의식은 의식과 달리 합리적인 것이 아니므로 꿈의 내용 역시 뒤죽박죽인 경우가 대부분이다. 그리고 꿈은 무의식이 의식의 검열을 피해서 어떻게든 소원을 표현하는 것이기도 하다. 이런 이유에서 꿈의 내용은 여러 가지 상징에 의해 감춰져 있다.

아비투어 철학 논술

예시 답안

case 1
프로이트는 인간의 마음이 세 영역으로 나누어져 있다고 본다. 세 영역이란 원초아와 자아 그리고 초자아이다.

원초아는 인간이 타고나는 것이며 무의식적 본능이라고 할 수 있다. 즉 원초아는 인간의 생물적 특징을 말한다. 예를 들어 위험에 처했을 때 자신을 보호하려는 본능이나 식욕, 배설 욕구 등은 모두 원초아이다. 이런 원초아는 무조건의 충족을 원할 뿐 다른 것은 전혀 고려하지 않는다.

초자아는 인간이 가정과 학교 등에서 교육을 받고 자라나는 과정에서 형성된다. 즉 초자아는 한 사회의 도덕이나 가치 규범이 자리 잡고 있는 마음의 영역이다. 양심이나 도덕심, 죄책감 등은 모두 초자아에 속한다.

그리고 원초아와 초자아 사이에는 자아가 있어서 둘을 중재한다. 즉 자아는 원초아의 요구와 초자아의 요구를 모두 들으면서 어떻게든 이 요구들을 화해시키고 조절하려 한다.

case 2
① 순이의 마음 중에서 원초아가 원하는 물건, 즉 반지를 갖고 싶다고 요구한다. 자아는 그 요구를 듣고 지갑을 확인하고는 돈이 없다는 사실을 깨닫는다. 원초아는 자아에게 자신의 요구를 무조건 충족시켜 달라고 조른다. 자아는 원초아의 요구를 들어주기 위해 반지를 훔칠까 생각해 본다. 그때 초자아가 도둑질은 나쁜 것이라고 배웠음을 일깨운다. 자아는 원초아의 요구와 초자아의 요구 중에서 후

자에 따르기로 한다. 그러나 며칠이 지나도 원초아의 요구는 중단되지 않는다. 자아
는 아르바이트를 하기로 결심한다. 그리고 마침내 원초아의 요구를 충족시킨다.

② 철수의 마음에서 원초아가 목마름을 해갈해 달라고 요구한다. 자아는 옆집 꼬마 정
수가 콜라를 들고 가는 것을 본다. 원초아가 다시 목마름을 호소한다. 자아는 콜라
를 훔치기로 결정하고 원초아의 욕구를 충족시킨다. 하지만 초자아도 가만있지는
않는다. 초자아는 죄책감의 형태로 나타나서 자아를 괴롭힌다.

③ 강호의 마음속에서 원초아가 순옥이를 껴안으라고 요구한다. 하지만 초자아는 그
것이 금지된 일임을 일깨운다. 자아는 초자아의 요구를 따른다. 하지만 그날 밤 원
초아는 강호의 꿈속에서 자신의 요구가 충족되기를 희망한다는 의사를 보낸다.

주 제 탐 구 02 강   불안과 억압

case 1 프로이트에 따르면 불안은 우리 마음속에서 원초아와 자아 그리고 초자아
사이의 갈등 때문에 나타난다. 즉 불안은 우리 마음속에서 뭔가 잘못되었
다는 경계경보인 셈이다.

그러나 마음속의 이러한 갈등은 흔히 있는 일이다. 원초아와 초자아 그리고 자아는
원하는 것들이 많아 서로 갈등을 일으키기 쉬운 관계에 있기 때문이다. 즉 우리 마음
속에서는 우리가 그다지 주의를 기울이지 않는 자잘한 갈등이 수없이 일어난다. 이런
경우의 경계경보는 그다지 위험한 상황을 알리는 것이 아니다. 다시 말해 우리는 일

상생활에서 우리의 불안을 그다지 의식하지 못할 때가 많다. 잠시 경계경보가 울린 듯하나 우리의 자아가 신속한 중재에 성공한 것이다.

하지만 원초아와 자아 그리고 초자아 사이의 갈등이 큰 경우에는 우리가 느끼는 불안의 강도 역시 자연스럽게 커진다. 이런 상황에서는 자아가 갈등을 해결하는 데 들이는 시간이나 노력이 커질 것이다. 그리고 경우에 따라서는 자아가 중재에 전혀 성공하지 못할 수도 있다.

case 2 프로이트에 의하면 불안에는 '현실적 불안', '신경증적 불안', '도덕적 불안'의 세 가지가 있다.

먼저 현실적 불안은 외부 세계의 실제 사건들에 대해 자아가 느끼는 불안이다. 예를 들어서 사나운 개가 내게 달려오거나 자동차에 치일 뻔하거나 수업료 납부 마감일이 다가오는데 돈이 없는 경우에 우리가 느끼는 불안은 현실적 불안이다.

다음으로 신경증적 불안은 원초아의 비합리적 소망에 대해 자아가 느끼는 두려움이다. 이러한 불안은 현실 세계에서 아무 위험 요인이 없는 경우에도 생길 수 있다. 예를 들어 방안 소파에 앉아 편안히 쉬고 있던 중에 마음속에서 갑자기 누군가를 죽이고 싶다는 강한 욕구가 일어난다면 나의 자아는 불안을 느낄 것이다.

마지막으로 도덕적 불안은 초자아와 자아 사이의 갈등에서 생기는 불안이다. 초자아가 도덕적 요구나 양심 등으로 압박을 가해 오면 자아는 불안을 느끼며, 초자아 역시 자신의 이런 요구가 자아에 의해 거부당할까 봐 불안을 느낀다.

이러한 모든 불안은 우리로서는 피하기 어려운 것들이다. 그러나 이런 불안이 우리에게 해롭기만 한 것은 아니다. 이 점은 현실적 불안을 예로 들면 쉽게 이해될 것이다.

우리가 달려오는 자동차에 대해 불안을 느끼지 못한다면 자동차를 피할 생각도 하지 않고 그 자리에서 치어 죽을 것이다. 즉 불안은 프로이트의 말처럼 경계경보이므로 우리는 이 경계경보를 듣고서 위험을 피하거나 해결하려는 조치를 취하게 된다.

case 3 자아와 원초아, 초자아, 그리고 이와 더불어 자아 바깥의 현실이 만나서 어떤 갈등 내지 부조화가 생기면 자아는 불안을 느낀다. 억압은 불안을 느끼는 자아가 취하는 방어수단(방어기제)의 하나이다.

한 가지 예를 들어 설명해 보자. 내가 사랑하는 여인이 어느 날 나를 떠나겠다고 한다(현실의 요소). 그러면 내 마음속에서는 커다란 갈등이 일어날 것이다. 원초아는 사랑하는 사람에게서 계속 사랑을 받고 싶어 하며 사랑하는 대상을 무조건 소유하고 싶어 한다. 떠나겠다는 여인을 살해하고 싶다는 소망마저 가질 수 있다. 이때 초자아는 살해 욕구는 위험하다는 경고를 보내며 상대방의 의사를 존중해야 한다고 점잖게 훈계도 한다. 자아는 이 상황에서 심한 불안을 느끼지만 어떻게 해결해야 할지 알 수가 없다. 결국 자아는 여인과 여인에 대한 사랑을 무의식이란 감옥에 보내기로 결정을 내린다. 여인에 대한 자신의 기억과 사랑을 지우는 방식을 취하는 것이다.

이처럼 불쾌한 체험이나 감정, 원하지 않는 정보들을 무의식에 저장해 버리는 것을 억압이라고 한다. 따라서 억압은 일종의 망각인 셈이다. 억압을 통해 자아가 고통스러운 감정이나 기억과 마주치지 않게 만드는 것이다.

case 1 프로이트에 따르면 억압에 의해 무의식이라는 감옥에 갇힌 소망이나 욕구, 체험, 기억 등은 강한 심적 에너지를 형성한다. 그리고 이 에너지는 틈만 나면 감옥에서 탈주하려고 시도한다. 그러다 간수인 자아가 꾸벅꾸벅 졸 때를 골라서 잠시 탈출을 한다. 다시 말해 꿈은 우리가 잠에 들고 자아의 활동이 약화될 때 무의식에 갇혔던 소망이나 욕구가 체험 및 기억 등과 결합해서 의식으로 표현된 것이다.

이 때문에 프로이트는 신경증 환자에 대한 진단과 치료에서 꿈을 분석하는 것이 중요하다고 보았다. 신경증 환자의 증상은 무의식 속에 갇혀 있는 원인을 환자로 하여금 스스로 인지하게 할 때 완화되거나 치유되기 때문이다. 그래서 프로이트는 꿈의 특성을 분석하였고 인간의 꿈에 일정한 메커니즘이 있다는 사실도 밝혀냈다.

case 2 무의식에 갇힌 소망이나 욕구, 유쾌하지 못한 기억이나 체험 등은 자아의 활동이 약화되는 순간 감옥에서 탈주해 스스로를 표현한다. 하지만 우리가 잠을 자는 동안에도 자아와 초자아의 의식 활동은 완전히 정지되지 않는다. 그렇기 때문에 무의식의 욕구 등은 스스로를 꿈에서 표현할 때도 의식의 활동을 염두에 두지 않을 수 없다. 따라서 꿈에서 무의식의 욕구나 소망 등은 과장이나 압축, 직접적 표현이 아닌 상징 등의 가면을 쓰고 나타난다. 물론 프로이트에 따르면 모든 꿈이 이처럼 복잡한 구조를 갖는 것은 아니며, 가면을 쓰지 않고 노골적인 형태를 띠는 꿈도 많다.

　프로이트는 심리적 질환을 겪고 있는 환자를 치료할 때는 무의식의 세계에 대해 가능한 한 정확한 정보가 필요하다고 보았기 때문에 꿈을 깊이 연구했다. 프로이트는 왜곡된 형태를 가진 꿈에도 어떤 메커니즘이 있다는 점을 발견했으며, 이를 이용해서 꿈을 분석하는 몇 가지 방법도 생각해 냈다.

철학자가 들려주는 철학이야기 017

묵자가 들려주는 겸애 이야기

저자_유성선
현재 강원대학교 철학과 교수로 재직 중이다.

01강 묵자의 생각

 다음 제시문을 잘 읽어 보면 묵자사상의 출발을 알 수 있다. 묵자가 생각한 당시 사회의 문제점을 요약 정리해 보자.

"거자님, 여기가 불편하세요?"

겸의 물음에 적이 대답했습니다.

"너는 어떠냐? 이곳이 좋으냐?"

"사실…… 싫지는 않아요."

겸이 머뭇거리자 적이 천천히 말을 이어갔습니다.

"겸아, 귀족과 왕실이 누리는 이런 사치는 무엇으로 가능한 것이냐?"

적의 물음에 겸의 얼굴이 굳어졌습니다.

"백성들이 힘들여 일해서 낸 세금입니다."

"그래, 잘 알고 있구나. 귀족들의 호화로운 음악이나, 호화로운 마차와 집은 모두 백성들의 재산을 빼앗아서 누리고 있는 것이야. 이는 백성들의 생활을 힘들게 하니 이 어찌 좋은 일이겠느냐."

적의 말을 듣고 난 겸이 고개를 조아렸습니다.

"제 생각이 짧았습니다. 오늘이라도 당장 궁을 떠나 스승님을 모시고 마을로 돌아가겠습니다."

적은 겸에게 흐뭇하게 웃었습니다. 자신의 뜻을 잘 이해하고 따라주는 제자의 마음이 그를 기쁘게 만들었습니다.

– 《묵자가 들려주는 겸애 이야기》 중에서

1 호화스러운 음악

전통적으로 유가나 묵가 모두 음악에 대해 우호적이지 않다. 유가에서 음악은 사람의 감정을 흔드는 것으로 보고 이성을 중심으로 한 리(理)에 대항하기 때문에 꺼려 했다. 묵가에서 음악에 반대한 것은 왕과 귀족이 음악에 대해 갖는 태도 때문이었다. 음악은 원래 노동을 하는 이들이 자연스럽게 만들어 낸 것이었다고 묵자는 말한다. 농민들은 육체의 피곤함을 달래기 위해 노래를 불렀다. 그런데 왕이나 귀족의 음악은 그렇지 않다. 자신들의 즐거움만을 위했다. 그들의 음악에는 노동의 즐거움을 알게 해 주고 다음의 노동을 위한 쉼과 같은 건강함이 없었다. 사치와 향락의 보조제일 뿐이었다. 묵가는 그런 음악이라면 바람직하지 않다며 거부했다.

2 세금

국가나 지방 단체가 운영 경비를 충당할 목적으로 국민으로부터 법적으로 보장받아 강제로 거두어들이는 금전이나 재물을 의미한다. 정치 조직이 생겨나면서부터 세금이 생겨난 것이다. 일종의 상납금에서 시작한 세금은 후에 중

앙 집권 체제가 확고해지면서 보다 정교해졌다. 수확한 농산물의 일부를 거두어들이는 방식에서부터 사람의 숫자에 맞게 동일하게 배당하는 세금 그리고 물건을 살 때마다 붙이는 간접 세금까지 종류는 매우 많다.

3 미봉책

실로 꿰매는 방책이란 뜻으로, 빈 곳이나 잘못된 것을 임시변통으로 보완하는 것을 이르는 말이다. 《춘추좌씨전(春秋左氏傳)》〈환왕조(桓王條)〉에서 유래했다. 《춘추좌씨전》에서 만백이 우군이 되고 채중족이 좌군, 원번과 고거미가 중군이 되어 장공을 모시는 어려진(魚麗陣)을 폈다. 이것은 전차부대를 앞세우고 보병이 뒤따르되 보병이 전차부대의 틈을 연결시키는 전법이라고 한다. 빈틈을 완벽하게 메우는 것을 의미했는데 요즘은 그 뜻이 크게 변했다. 아랫돌을 빼내어 윗돌을 막는 임시변통의 막음이라는 의미로 사용되고 있어 진중한 계획이 아니라 순간적인 재치로 우선 제일 큰 문제를 막고 보자는 의도를 일컫는 말이 되었다.

 묵가는 유가와 나란히 백성들의 호응을 얻고 있었는데, 초기에는 그 둘이 서로 다르지 않다고 여겨지기도 했다. 그러나 기본적인 가르침을 보면 둘의 차이는 적지 않다. 특히 유교의 가르침에 있는 '차별애'를 묵자는 강력하게 거부한다. 다음의 설명문을 통해 유가와 묵가의 다른 점을 지적해 보시오.

유가에서 말하는 사랑은 흔히 '차별애' 혹은 '방법적 차별애'라고 한다. 여기서 '차별'이 의미하는 것은 오늘날 말하는 부정적 의미가 아니라 사랑에 층차를 둔다는 뜻이다. 예컨대 사람은 누구나 자기 부모, 자기 자식 등 친족을 먼저 사랑하고 다음으로 남을 배려하게 되고, 나아가 사물에까지 사랑이 미친다고 하는 논리가 유가에서 말하는 차별애이다. 한마디로 사랑에 우선순위가 있다는 것이다. 이것은 묵자가 강조하는 겸애(평등한 사랑)와는 상반된다. 따라서 유가와 묵가의 가장 선명한 차이점은 여기에서 드러나며, 유가의 맹자가 묵가를 비판하는 이유와 묵가에서 유가를 비판하는 이유가 바로 여기에 있다.

–《묵자가 들려주는 겸애 이야기》중에서

생각 쓰기

1 묵가와 유가의 차이점

　　공자는 북방에서 그리고 노자는 남방에서 큰 사상 체제를 이룩하였다면 묵자는 그 사이에서 또 다른 봉우리를 이루었다. 흔히 '공자의 자리는 따뜻할 날이 없고, 묵자의 굴뚝에서는 연기 나는 날이 없다' 라고 할 정도로 두 사람은 천하를 다니며 부지런히 가르치고 실천해 왔다. 도가와 달리 유가와 묵가는 세상 속에 들어가 자신들의 생각을 구체적으로 정치에 반영시키려 했던 것이다.

　　유가는 인(仁)을, 묵가는 겸애(兼愛)를 각각 가르침의 핵심으로 잡고 있다. 동일하게 사랑을 말하고 있는 것 같지만 차이가 있다.

　　유가의 인은 사람과 사람 사이의 조화를 강조한다. 인에는 부모와 자녀, 임금과 신하 등 모든 인간관계에 차등이 있음을 인정하면서 전체적인 질서를 유지하려는 의도가 담겨 있다.

　　그러나 묵가의 겸애는 자신을 돌보는 것은 뒤로하고 먼저 타인을 생각하고 함께 동일한 위치에서 모든 사람을 대하는 것을 중요하게 여긴다.

2 맹자의 묵가 비판

　　맹자는 묵가가 지나칠 정도로 엄격하고 실천이 불가능한 주장을 펼치고 있다고 비판한다. 무엇보다 '부모도 없고 임금도 없는 개나 돼지와 같은 무리'라고 비난한다. 신분질서를 파괴하여 국가를 혼란하게 만드는 그릇된 가르침이라는 것이다. 실상 묵가의 가르침을 그대로 따르기란 쉽지 않다. 모든 것을 내던져야 하는 용기와 결단이 있기 전에는 불가능하다. 또한 남을 돌아보는 일은 욕심을 가진 인간으로서 쉬운 일이 아니다. 때문에 불가능한 가르침으로 사람들에게 부담만 준다면 과연 옳은 것일까 하고 맹자는 물은 것이다. 또한 엄연히 존재하는 질서를 뒤엎는다면 국가나 사회가 어떻게 유지될 수 있느냐고 맹자는 반문한다. 이것이 유가와 묵가사상의 근본적인 차이이다. 질서 유지와 냉정한 현실을 수용하고 그 범위 내에서 사상을 펼칠 것인가 아니면 기존 질서를 뒤엎는 한이 있어도 이상을 세우고 그것을 향해 용기 있게 나갈 것인가 하는 것이 이들 가르침의 핵심이다.

적은 잠시 생각에 잠겼습니다. 지금 자신이 이대로 떠난다면 이 두 아이는 관청에 넘어가서 혹독한 벌을 받아야 할 것입니다. 적은 결국 이 두 아이를 자기의 마을로 데려가기로 결심했습니다.

"내 비록 넉넉한 형편은 아니다만 너희 두 아이를 데려가고 싶구나. 어떠냐? 나와 함께 가겠느냐?"

아이는 아무 말 없이 적을 쳐다보았습니다. 선주는 그제야 눈물을 그치고 도련님이 과연 어떤 대답을 할지 숨을 죽였습니다. 이윽고 아이는 결심을 한 듯, 천천히 입을 열었습니다.

"당신을 따라 가겠어."

"그래, 잘 생각했다."

적이 싱긋 웃으며 소년에게 손을 내밀었습니다. 그러나 소년은 코웃음을 치며 옆에 선 선주의 손을 잡을 뿐이었습니다. 아직은 소년의 마음을 얻기 힘들겠다 싶어 적이 그만 피식 웃고 말았습니다.

"당신 사는 데는 얼마나 멀어?"

아이가 물었습니다.

"응, 조용한 산골 마을이다. 너도 가 보면 마음에 들 거야."

"쳇, 산골촌놈이었군."

말본새 나쁜 도련님이 이윽고 적과 나란히 걷기 시작했습니다. 여전히 선주의 손만은 꼭 잡은 채로요.

– 《묵자가 들려주는 겸애 이야기》 중에서

생각 쓰기

1 공동체

생활 운명을 같이하는 사회 집단을 말한다. 공동체로는 종족의 혈통을 근간으로 하는 혈연 공동체, 지역을 중심으로 형성된 지연 공동체, 종교나 이념 및 기타 정신적인 요소를 기반으로 하는 이념 또는 종교 공동체 등이 있다. 혈연이나 지연 공동체는 자연적으로 형성된 공동체라는 점에서 이념이나 종교 공동체와는 다르다. 이 중에서 우리에게 의미 있는 것은 이념이나 종교 공동체이다.

공동체는 같은 운명을 지닌 하나의 몸이다. 공동체란 구성원 중 한 사람만 아파도 전체가 진통하는 하나의 신경 조직을 가진 생명체이다.

묵자는 새로운 공동체를 꿈꿨다. 혈연이나 지연과 같은 자연 공동체가 백성을 더욱 힘겹게 만들 수도 있기 때문이다. 그래서 같은 생각으로 모인 이들이 평등하게 일하고 나누며 사는 공동체를 꿈꿨다.

2 법가(法家)의 가르침

도(道)의 사회적 실현이 법치에 의해 이루어질 수 있다고 주장하는 가르침이다. 대표적인 인물은 한비자이다. 그가 생각하는 법의 이상은 다음과 같다.

“거울은 맑음을 지키는 데 아무런 방해를 받지 않아야 아름다움과 추함을 있는 그대로 비교할 수 있고, 저울은 균형을 지키는 데 아무런 제약을 받지 않아야 가벼움과 무거움을 있는 그대로 달 수 있다. 만약 거울이 움직인다면 대상을 밝게 비칠 수 없고, 저울이 움직인다면 내상을 바르게 달 수 없는 것이다. 법이 바로 이런 것이다.”

이러한 한비자의 법치사상이 목표로 삼는 것은 백성들의 마음을 움직여 통치권을 보존하는 것이다.

다음의 말은 법가의 가르침 중 하나이다.

“나라 안의 정치를 엄격하게 실행하고 법령과 금령을 분명히 하여 상벌을 반드시 실행하고 땅을 잘 개발하여 수확을 증가시키면, 백성들은 죽음을 무릅쓰고 그 성(城)을 굳게 지키게 된다.”

적을 따라 겸과 선주가 이 마을에 온 지도 벌써 일주일이 지났습니다. 귀족의 아들로 태어나 쭉 떠받들려 살아온 겸에게 이곳은 너무나 낯선 곳이었습니다. 적과 같은 생각을 가진 사람들이 모여 만든 이 작은 마을은 다 같이 일하고 일한 것을 똑같이 나누어 가졌습니다. 언제나 아랫사람들보다 많은 것을 가졌고 일을 한다는 것은 꿈에도 안 꿔 본 겸에게 이곳은 정말 이상한 곳이었습니다.

"하여간 이상한 인간이야. 마을도 이상하고 사는 사람들도 이상하고……."

눈을 감고 있으려니 겸은 슬슬 잠이 오기 시작했습니다. 그래서 잠이 올 듯 말 듯 한 달콤한 느낌에 눈을 감고 있는데 갑자기, 얼굴에 뭔가가 떨어져 부딪혔습니다.

"아야! 뭐야?"

크게 한 대를 얻어맞은 듯한 아픔에 겸이 놀라 눈을 떴습니다. 겸이 햇빛을 피하던 개암나무 위에 적이 올라가 웃고 있었습니다. 적이 겸을 혼내려고 나무 위에 올라가 나무를 마구 흔들어 댄 것입니다. 개암열매들이 후두두둑 떨어지니 겸이는 아플 수밖에 없었지요.

"아, 진짜. 뭐 하는 거예요?"

"뭘 하는 것 같냐? 개암 따고 있지."

적은 능청스럽게 대답했습니다.

"그게 아니라, 왜 나무 위에 올라가서 개암을 떨어뜨려요? 그것도 자고 있는 사람한테."

"난 내 일을 하고 있는 것뿐이야. 여기서 사람들과 같이 살아가려면 이 집단의 거자, 즉 우두머리인 나도 일을 해야 해. 넌 오늘 하루 종일 일을 조금도 하지 않았으니 오늘 저녁은 못 먹는 줄 알아라."

"쳇 그까짓 좁쌀로 만든 밥 난 먹지 않겠어요."

"마음대로 하렴."

– 《묵자가 들려주는 겸애 이야기》 중에서

생각 쓰기

주요 개념 및 배경 지식

1 묵자의 공동체

묵자의 저서를 잘 살펴보면 공동체의 성격이 잘 드러난다.

"그들은 노력하면 부유하게 되고, 노력하지 않으면 가난하게 되며, 노력하면 배부르고, 노력하지 않으면 굶주리게 된다고 생각하기 때문에 감히 나태할 수 없다."

– 《묵자》, 〈부의〉 편 참고

여기서 우리는 모두가 함께 노동을 해야 한다는 공동체를 떠받드는 기둥격인 내규를 읽을 수 있다. 일하지 않으면 공동체에 참여할 수 없게 된다. 이제 묵자의 공동체는 평등이라고 하는 또 다른 중요한 기둥을 말한다.

"힘 있는 자는 남을 돕고, 도를 가진 자는 남을 가르치며, 재물을 지닌 자는 남에게 나누어 준다."

– 《묵자》, 〈천지〉 편 참고

2 노동

　인간이 노동을 하는 이유는 필요 때문이다. 자연을 바꾸어 필요한 것을 얻어내기 위해 인간은 자신의 근육과 기운을 움직여야 한다. 땀이 나고 피곤하기는 하지만 대신 얻고 싶은 것을 얻을 수 있다. 노동이 신성하다는 말은 누가 하느냐에 따라 그 의미가 달라지지만 노동에는 인간 자신의 힘을 움직여 행하는 순수한 면모를 포함하고 있다.

　대부분의 이념 또는 종교 공동체는 노동을 권한다. 수련의 한 방법으로 노동을 반드시 택한다. 노동은 자연과의 접합점이며 일차적인 경제 활동이다. 구제라는 것, 제 힘으로 애써 얻은 것을 나누어야 제대로 된 것이다.

　공자는 노동을 경시했다. 그러나 묵자는 노동을 매우 중요하게 생각했다. 그래서 노동을 통해 이(利)가 발생하고 이것이 곧 의(義)라고 그는 말했다.

묵자의 경제관

case 1 묵자의 가르침은 대단히 공리주의적이다. 이(利)와 의(義)를 동일시할 정도로 이(利)를 추구하도록 가르쳤다. 그러나 묵자가 이(利)가 되는 것은 무엇이든지 옳다고 하지도 않는다. 올바른 이(利)가 무엇인지 다음 글을 통해 기술하시오.

"쳇, 가족들이 있다면 내가 여기서 저 거지 같은 아이들과 놀고 있겠어? 당신 가방이나 훔치고?"

배알이 뒤틀리는 듯 내뱉는 아이의 말에 적은 다시 한 번 노하지 않을 수 없었습니다.

"이놈이! 불쌍해서 봐주려고 해도 안 되겠구나. 이 전쟁이 바로 너 같은 놈들 때문에 일어난 게야. 자기 이익만 챙기는 너 같은 놈들 말이야! 고얀 놈! 제일 나쁜 것이 뭔지 아느냐? 그건 바로 다른 사람 것을 도적질 하는 것과 다른 나라를 침략하는 것이야!"

적의 호통에 선주가 어쩔 줄 몰라 하며, 발을 동동 굴렀습니다.

"아유, 도련님. 그러지 마세요. 나으리 죄송해요. 저희 도련님이 원래는 이런 분이 아니신데…… 흑흑흑."

적은 그 건방진 아이가 맘에 들지 않았지만 제가 야단맞은 양 발을 동동 구르는 여자아이가 측은해 마음을 애써 풀었습니다.

"그래, 네가 이렇게 된 것은 바로 이 전쟁 때문이겠지. 보려무나. 백성들이 헐벗고 굶주린 것을. 왜 이렇게 전쟁이 일어나고, 백성들이 어려움을 겪는지 아느냐? 그건 바로 겸애가 없기 때문이다. 남의 것을 나의 것과 똑같이 존중해 주는 마음이 없기 때문이야. 그러니까 남의 나라를 뺏으려고 하는 게지."

적은 아이가 땅바닥에 내팽개친 봇짐을 집어 들었습니다. 그리고 아이 앞으로 한 걸음 가까이 가서 말했습니다.

"자, 이것은 내가 길쌈을 하고 사냥을 해서 얻은 옷감과 가죽으로 만든 짐이야. 안에 별로 들은 것은 없지만, 그래도 다 내가 노력해서 얻은 것들이란다. 이게 바로 이(利)란 것이야. 이익이란 말이지. 그런데 네가 나의 것을 도적질한 것처럼, 남의 이익을 뺏고 자기의 이익만을 취하면 쓰겠느냐? 네 것이 소중하면, 나의 것도 똑같이 소중한 거야. 차이 없이 남의 이익을 존중해야 되지. 남이 이룩한 노동의 성과를 그 사람의 것으로 인정해 주고, 이(利)를 보장하는 게 옳다. 네가 남의 이익을 보장할 때, 너의 이익도 똑같이 보장되는 게지. 이것이 바로 겸애이다. 겸애가 모든 이익의 근원이 되는 것이지. 겸애가 없기 때문에 전쟁이 일어나고, 백성들이 귀족들로부터 착취를 당해 어려운 것이다."

─ 《묵자가 들려주는 겸애 이야기》 중에서

생각 쓰기

1 공리주의

행위의 기준을 '최대 다수의 최대 행복'에 두는 가치관을 말한다. 서구의 공리주의자로는 벤담과 밀을 꼽고 있다. 특히 벤담의 경우 쾌락을 수치화하려는 노력을 했다. 이에 반해 밀은 질적 쾌락을 주장했다.

훨씬 이전 중국의 묵자는 최대 다수의 행복을 추구하기 위해 공동체를 만드는 등 공리주의를 실천에 옮겼다. 이것을 간혹 집단의 이익만을 추구하는 집단 이기주의와 혼동하는데, 공리주의는 타 집단에 대한 거부감이 없다는 차이가 있다. 묵자의 공리주의는 타 집단까지 포함한 더 큰 공리를 위해 의식을 확장해 나간다.

2 이익(이득)

이익이란 물질적으로 또는 정신적으로 보탬이 되는 것을 말한다. 요즘에는 주로 경제 활동을 통해 얻어지는 성과물로서 총매출에서 투자비를 뺀 순수 수입액을 말한다. 자본주의 경제 체제의 기반은 이익 창출이다. 기업은 이익을 얻기 위해 회사와 공장을 운영하며 모든 점포들은 이익을 내기 위해 수고를 아끼지 않는다.

묵자 시대에 다른 성현들은 실제적인 이익에 별 관심이 없었다. 오히려 그들은 정신적 이익에 주로 관심의 초점을 두어 실질적 이익을 내는 행위는 저속한 것으로 취급하였다. 때문에 자연스럽게 그들의 나눔이나 베풂은 정신적인 것에 국한되었다. 하지만 묵자는 노동을 통한 실질적인 이익 창출과 그것을 함께 나누는 실제적인 가르침을 실행하였다.

3 이해관계

한 사회 안에서 발생하는 인간들(계급·계층·집단·개인)의 요구와 지향의 총체를 일컫는 말이다. 보통 인간의 근본적인 이해관계라고 하면 물질적 이해관계를 의미한다. 인간의 사회적 이해관계는 물질적 사회 생활의 조건들, 그중에서도 특히 생산관계에 의해 규정된다.

이해관계에 있어서 개인의 이해와 사회나 공동체의 이해의 갈등을 어떻게 조절하느냐 하는 것은 관건이다. 그래서 개인의 이해를 우선해야 한다는 주장과 공동의 이익을 우선해야 한다는 주장이 여러 학자들을 통해 다양하게 나났다. 따라서 사회 철학에서는 개인의 이해와 공동의 이해를 어떻게 조화롭게 하느냐 하는 것을 중요한 탐구 주제로 삼고 있다.

그때 겸이의 뱃속에서 꼬르륵하는 소리가 났습니다. 적은 좀처럼 짓지 않는 미소를 지으며 말했습니다.

"겸아, 교리(交利)라는 말을 아니?"

"내가 그런 말을 어떻게 알아요?"

"그럼 잘 들어 봐. 교리는 서로 이익을 나누어 갖자는 뜻이야. 즉 우리가 지금 이렇게 열심히 일하고 있는 이유는 다른 사람에게 좋은 일을 시키는 것이 아니라 열심히 일을 하면 그 대가가 우리에게 돌아오기 때문이지. 짐승들은 일을 하지 않지? 사람은 본래 고라니와 사슴 또는 새와 같은 짐승들과 달라. 날짐승 길짐승은 모두 자신의 날개와 털을 옷으로 이용하니 옷을 살 필요가 없고, 굽과 발톱을 신발로 이용하니 신발도 필요 없고, 숲 속에 가면 늘 있는 물과 풀을 먹고 살면 되지. 따라서 수컷이라도 밭갈이나 씨 뿌리는 일을 하지 않아도 되고, 암컷 역시 바느질하고 옷을 만들지 않아도 먹고사는 데 지장이 없단다. 그러나 사람은 동물들과는 다르단다. 열심히 일하는 사람만이 먹고 살 수 있어. 너도 여기 사람들처럼 일을 해서 너 스스로 먹을 것을 마련해야 해. 그렇지 않으면 남의 이익을 뺏는 도적질과 다를 바가 없단다."

"……."

겸의 뾰루퉁한 얼굴이 갑자기 진지해졌습니다. 그러나 그 숙연한 분위기도 잠시, 겸의 뱃속에서 다시 꼬르륵 하는 소리가 났습니다. 얼굴이 벌겋게 달아오른 겸의 머리를 쓰다듬으며 적이 크게 웃음을 터뜨렸습니다.

"하하, 자 밥부터 먹는 것이 낫겠구나. 밥을 먹어야 교리건 겸애건 공부 할 것이 아니냐."

겸은 그 다음날부터 조금씩이나마 마을의 일을 거들기 시작했습니다. 물론 간간히 게으름도 피우곤 했지만 말입니다.

– 《묵자가 들려주는 겸애 이야기》 중에서

1 교상리

　　이익을 서로 나눈다는 것은 쉽지 않다. 자신이 땀 흘려 번 것을 남에게 준다는 것이 쉽지는 않은 것이다. 이것은 오직 자신을 비우고 상대를 존중하지 않으면 가능한 일이 아니다. 무엇보다 일하지 않는 것은 남의 것을 빼앗는 도둑과 같다. 자신이 일하지 않고 먹고 산다는 것은 결국 누군가가 나 대신 더 일하고, 나는 그 사람의 노동을 빼앗아 먹고 사는 것을 뜻하기 때문이다. 남의 노동을 빼앗기보다 내가 남에게 나의 노동을 베풀어야 하는 것이 올바른 삶의 자세이다.

2 계층

　　계급, 사회적 성층(成層) 등과 함께 사회 구성을 밝히기 위해 사용하는 중요한 구분법이다. 계급이 주로 물질적·객관적 기반에 입각하여 경제적인 측면에서 사회 구성을 밝히는 개념이라면, 계층은 여러 지표를 써서 사회 및 집단의 구성을 내부적으로 밝히는 데 사용된다. 계급의 경우 각 계급 간의 역학적 관계가 문제되지만, 계층에서는 각 층 간의 역학적 관계를 그다지 따질 필요가 없다. 즉 정치 · 경제 · 직업 등을 지표로 정하고, 그 내부 구성을 밝히는 데 사용되는 개념이다. 계층을 주로 사용하는 이유는 계급이 갖는 경직성 때문이다. 경제적인 면으로 사회 구성을 분류하기에는 현대사회가 너무 복잡해진 것이다.

3 계급

일반적으로 사회 내부에서 직업 · 신분 · 재산 등에 따라서 구별되는 사람들의 집단을 말한다. 주로 마르크스에 의해 언급되었는데, 구분이 단순하고 이분법적이기 때문에 다른 방식의 계급 분류를 사용하기도 한다. 근대 이전에는 선명한 계급 구분이 존재했는데, 생산과 정치적인 의미로 쓰였다. 계급 이동이 불가능했기 때문에 낮은 계급의 사람들은 계급의 이동을 원하거나 계급의 구분이 없는 사회를 꿈꾸었다. 묵자의 공동체는 이러한 계급이나 계층의 구분을 과감하게 없앤 공동체였다.

04강 묵자의 종교관

 다음의 글은 묵자의 귀신에 대한 생각을 가늠해 볼 수 있게 한다. 묵자가 생각하는 귀신의 존재 의미는 무엇인지 설명해 보시오.

귀신이 상을 줄 때는 아무리 작아도 반드시 상을 주고, 귀신이 벌을 줄 때는 아무리 크더라도 반드시 벌을 준다.

— 《묵자》, 〈명귀 하(下)〉 편 참고

세상에서 귀신이 있고 없는 것을 알아내는 방법은 반드시 대중의 실제 이목을 표준으로 삼아야 한다. 가령 보고 들을 수 있다면 반드시 있다고 여기고, 보고 들을 수 없다면 반드시 없다고 여겨야 한다.

— 《묵자》, 〈명귀 하(下)〉 편 참고

생각 쓰기

주요 개념 및 배경 지식

1 귀신

죽은 사람의 혼령 또는 눈에 보이지 않으면서 인간에게 화복(禍福)을 내려준다고 하는 정령을 가리키는 말로 쓰인다. 원시사회 이래 공통적으로 공포의 대상으로 삼았던 천둥·번개·비바람·질병 등이 나타나는 것을 귀신의 작용이라고 믿은 사람들은 이에 대처할 강력한 대립물을 생각해 냈다. 그래서 주술적으로 이를 격퇴하거나 인간 사회에 침투하는 것을 단념시키기 위해 회유책을 쓰기도 하였다.

동양에서는 옛날부터 음양설(陰陽說)로 귀신을 해석하는 경향이 많았다. 한국에서도 이익(李瀷)의 《성호사설(星湖僿說)》을 보면 귀신이란, 귀(鬼)는 음지령(陰之靈)이고, 신(神)은 양지령(陽之靈)이라 하였다. 즉 생물을 구성하는 본질은 음과 양의 두 기(氣)이며, 이 두 기의 영(靈)이 그 생물에서 떠나는 경우에 혼(魂)·백(魄)·정(精)·신(神) 또는 귀신이 되고, 이들 혼백 및 귀신의 존재 기간은 장단(長短)이 있어 영구히 존재하는 것이 아니라고 하였다.

2 유가의 귀신관

공자는 귀신의 존재에 대해 말하기를 꺼려했다. 귀신의 존재에 대한 논의보다는 자신을 수양하고 돌아보는 것이 더욱 중요하다고 생각했기 때문이다. 또 제사의 중요성은 자신의 마음을 돌보는 마음가짐에 의미가 있다고 한다. 따라서 유가의 제사는 귀신을 섬기기 위한 일이라기보다는 수양을 위한 절차였다.

아비투어 철학 논술

예시 답안

case 1 묵자는 도가 지나친 귀족과 왕실의 사치를 보았다. 그들은 백성들의 어려운 생활은 아랑곳하지 않고 자신들의 즐거움만을 위해 살았다.

사회 구조상 백성들은 왕과 귀족만 바라보며 살 수밖에 없기 때문에 왕과 귀족은 백성의 본보기가 되어야 함에도 그렇지 못했다.

왕이나 귀족과 백성들의 형편 차이는 너무도 극심했다. 그런데 이런 귀족과 왕실의 사치는 백성들이 낸 세금이 없다면 불가능했다. 그래서 왕족과 귀족은 자신들의 사치를 위해 백성들에게서 더 많은 세금을 거두어들였고 백성들의 열악한 삶은 더욱 험악해졌다. 왕과 귀족이 누리는 사치는 곧 백성들의 눈물과 땀이었던 것이다.

case 2 유가에서는 사랑에도 차등이 있다는 것을 인정한다. 거창한 인류애를 말하기 전에 자신의 가족부터 돌보아야 한다는 것이다. 자신과 가족 그리고 이웃과 나라를 돌보는 것이 순서상 바르다는 것이 유가의 사상이었다. 이건 마치 동심원을 그리듯 한가운데에 자신이 있고 그리고 주변으로 조금씩 영역이 확장되는 모습이다.

묵가에서는 이러한 차별적 혹은 차등적 사랑 방식을 거부한다. 결국 그런 태도는 자신과 자신의 가족만을 돌보겠다는 이기주의적 발상이라는 것이다. 아무리 좋은 명분으로 설명해도 결국에는 자신의 이익을 먼저 추구하겠다는 마음이라는 것이다. 그래서 묵가는 모든 사람을 균등하게 사랑하는 정신으로부터 출발해야 한다고 주장한다.

묵가는 전쟁을 언급하면서 전쟁의 근원이 이기심과 차별애에 있다고 말한다. 결국 유가의 가르침이 전쟁을 부추기는 그릇된 가르침임을 이야기하고자 한 것이다. 당시 유가 및 여러 학자들은 제후들 곁에서 관직을 얻어 전쟁에서 승리하는 방법을 조언해 주곤 했다. 이때 나온 무수한 이론들에 의해 왕들은 전쟁을 일으켰고 그 사이에서 당하는 백성들의 고통을 그는 지적한 것이다.

때문에 과감하게 전쟁을 멈추고 나아가 왕들과 귀족들을 설득하여 화해하고 평화를 유지하며 살도록 조언하는 것이 지식인들의 책무라고 묵가는 주장한다.

주제 탐구 **02** 강 묵자의 방법론

case 1 먼저 잘못을 저지른 아이를 관청에 넘겨 처벌하지 않는 태도는 법에 따른 징계를 우선시하는 가르침과 반대된다.

세상에 문제가 일어나는 까닭은 법이 강하지 않기 때문이라고 보는 이들도 있다. 이들은 강력한 처벌이 주어진다면 백성들은 그 두려움에 지도자의 말을 따를 것이라고 생각한다. 그러나 묵자의 가르침은 법에 있지 않다. 묵자는 사랑을 강조하고 상대의 입장을 더 생각하고 존중하는 방법이 진정 세상을 아름답게 만든다고 확신했다.

또한 묵자는 가르침만을 전달하고 떠나 버리는 대부분의 성현들과는 달리 이 아이를 자신이 살고 있는 마을로 데려 갔다. 이는 말로 가르치는 것보다 더불어 지내면서 익혀 나가는 실천의 교육이 중요하다는 묵자의 생각 때문이었다. 그래서 그의 가르침을 따르는 이들은 공동의 마을을 이루고 살았다. 이처럼 묵자의 가르침은 말에 의해 자신을 돌아보고 남을 사랑해야겠다는 깨우침보다 구체적으로 몸을 움직여 타인과 베풀고 나누는 실천에 초점을 두었다.

case 2 묵자의 공동체는 평등한 공동체였다. 가르침만 평등한 것이 아니라 실제로 모든 면에서 공동생활을 했다. 함께 일하고 함께 생산물을 나누었다. 이곳에서는 일한 만큼 생산물을 얻을 권리를 받았던 것이다. 때문에 지위 고하를 막론하고 일하는 데 차별이 없었다. 물론 지식을 가진 사람이나 기술을 가진 사람은 나름대로 계산해 주었다.

묵자의 공동체는 적극적인 평화 공동체를 모색했다. 그저 전쟁만을 멈추는 외형적인 평화가 아니라 모든 사람이 애써 일하고 타인을 위해 가진 것을 나누고 베푸는 내면으로부터 시작된 평화를 원했다.

주 제 탐 구 **03** 강 묵자의 경제관

case 1 묵자는 소 생산자의 이익을 대표하고 공리를 중시하였다. 따라서 유가의 차별애를 거짓이라 하였는데 천하를 해롭게 하기 때문이라고 했다. 또한 묵가는 생산 노동의 중요성을 강조했다. 유가에서는 이(利)와 의(義)를 엄격하게 구분하고 이(利)에 대해서는 언급을 회피하였다. 이에 반해 묵가는 이(利)와 의(義)를 같은 것으로 보았다. 나아가 의는 이(利)이며 불의는 해(害)라고 정의하였다. 다시 말하면 천하를 이롭게 하는 것은 의이고 그렇지 못한 것은 불이라는 말이다. 충과 효 역시 임금과 어버이를 이롭게 하는 것이라고 하여 모든 가치 기준을 이(利)에 두었다.

그러나 무조건 이득만 취하면 되는 것은 아니다. 그 이득의 목적이 무엇이냐가 중요하다. 개인에 국한된 이득은 바르지 않은 것으로 규정하고 반드시 공동체 전체를 위한 이득이어야 한다는 것을 강조했다.

따라서 이(利)와 해(害)의 판단은 개인의 차원에서 이루어지는 것이 아니라 전 공동체적인 차원에서 검증되어야 한다고 묵자는 주장한다.

case 2 교리(交利) 또는 교상리(交相利)는 획득한 이득을 서로 나누는 것이다. 이것이 이루어지기 위해서는 몇 가지 전제 조건이 필요하다.

먼저 서로의 이익을 존중해주는 태도이다. 각 개인이 노동을 통해 얻은 이득은 그 개인의 것으로 인정해 주어야 한다. 그러나 당시 사회는 신분 제도에 의해 낮은 계층의 노동은 인정받지 못했다. 때문에 그들 노동의 결과물은 계층의 사람들이 차지하여 헐벗고 굶주리는 사람이 많았다.

다음으로는 상호 존중이 있어야 한다. 대등한 인간으로 서로를 인정하지 않는다면 교류는 일어나기 힘들다. 따라서 교리는 서로를 존중하는 마음과 타인을 배려하는 마음에서 출발한다. 이러한 선행 요건이 준비되어 있지 않으면 진정한 교리는 일어나지 않는다. 일시적으로 일어난다 해도 곧 무너지고 만다. 따라서 교리 자체가 이미 겸애 사상을 바닥에 깔고 있다.

case 1 묵자는 그의 책《묵자》〈명귀〉 편에서 귀신의 존재에 대해 언급했는데 귀신에는 각각 하늘의 천귀(天鬼), 자연의 산수귀(山水鬼), 죽은 사람의 인귀(人鬼)가 있다고 말했다.

묵자에게는 귀신의 존재 유무가 중요한 것이 아니라 귀신이 존재한다고 말하는 의미가 중요했다.

묵자가 생각한 귀신의 주된 역할은 상과 벌이다. 좋은 일을 했을 때는 상을 베풀고 나쁜 일을 했을 때는 벌을 내리는 것이 귀신이 해야 할 일인데, 중요한 것은 즉각적이어야 한다는 점이다. 잘못을 쌓아두었다가 나중에 벌을 내리는 방식이 아니라 행해진 그 당시에 바로 상이나 벌이 내린다는 것이다. 이것은 그의 공리주의 사상과 밀접한 관계가 있다. 즉각적인 상벌은 곧바로 다음 일의 시작이 될 수 있다는 점에서 의미를 갖는다.

귀신의 존재 유무 역시 백성들의 의견이 중요하다고 묵자는 말한다. 백성들에게 의미가 있다면 귀신은 존재하는 것이고 백성들에게 의미가 없다면 귀신은 존재하지 않는 것이라고 한다. 백성의 의식이 곧 귀신이라는 주장을 통해 우리는 묵자가 백성을 종교의 주체로 본다는 사실을 알 수 있다.

철학자가 들려주는 철학이야기 018

니체가 들려주는 슈퍼맨 이야기

저자_박민수

연세대학교 독문과를 졸업하고 동 대학원에서 석사 학위를 받았다. 지금은 독일 베를린 자유대학에서 〈근대 미학에서 미적 가상의 개념〉이란 주제로 박사 논문을 준비하고 있다. 전문 번역가로도 일하고 있으며, 그동안 번역한 책으로는 《우리의 포스트모던적 모던》, 《데리다-니체, 니체-데리다》, 《신의 독약》, 《책벌레》, 《크라바트》 등이 있다.

01강 힘에의 의지와 원한

case 1 니체는 시기심이나 왕따 등의 바탕에는 '원한'이 깔려 있다고 말한다. 니체가 말하는 '원한'이 무엇인지 '힘에의 의지'와 관련하여 서술하시오.

가 "그럼 이야기를 시작해 보죠. 지금 이 시간에도 혹시 여러분 중에는 친구들 모르게 폭력에 시달리고 있다든지, 왕따를 당하고 있으면서도 말하지 못하고 고민하는 친구가 있을지도 몰라요. 그럼 하나 물어보겠는데 왕따를 왜 시키죠?"

"잘난 척하니까요?"

"너무 나대요."

아이들의 말이 그치기를 기다렸다가 경찰관 아저씨가 말씀하셨다.

"맞아요. 나보다 잘난 사람을 보면 괜히 심통이 나요. 그렇죠?"

아이들은 시원스럽게 그렇다고 대답하고는 자기들끼리 키득거리기도 했다.

"왜 속담에도 이런 말이 있잖아요. 사촌이 땅을 사면 배가 아프다. 같은 핏줄끼리도 그런데 남이 그렇다면 얼마나 배가 아프겠어요?"

– 《니체가 들려주는 슈퍼맨 이야기》 중에서

㉯ 우리는 모두 자기 자신을 실현하려는 욕구, 즉 자신을 성장시키고 발전시키려는 욕구를 갖고 있다. 하지만 유감스럽게도 현실에서는 이러한 우리의 욕구가 언제나 실현될 수 있는 것이 아니다. 예를 들어, 우리는 학교에서 원하는 성적을 받지 못할 때가 있으며, 또 어른들은 돈을 많이 벌고 싶어 하지만 그렇지 못한 경우가 많다. 그런데 이럴 때 우리는 이렇게 생각하곤 한다.

"내 성적이 오르지 않는 것은 운이 없기 때문이지 능력이 없어서가 아니야. 아마 성적 좋은 녀석들은 고액 과외를 받고 있을 거야. 게다가 공부 잘하는 놈들은 다 속이 좁아."

또 돈을 많이 벌고 싶지만 그렇지 못한 어른들 중에는 이렇게 생각하는 사람들도 있다.

"돈 많은 놈들은 다 도둑놈들이야. 그러니까 돈이 없는 나는 정말 깨끗한 사람이지."

생각 쓰기

"아이들 속에서 열등감을 느꼈던 건 바로 나였던 것 같아."

갑자기 고수가 쓸쓸하게 웃으며 말했다.

"엄마는 내가 어렸을 때 집을 나가셨고, 아빠는 힘든 일에 지쳐 매일 밤을 술로 지새웠어. 평범한 집에서 자라는 평범한 아이들이 너무 부러웠어. 하지만 그러면 그럴수록 왜 나만 이래야 하나 하는 생각에 점점 나를 닫아 버린 거 같아. 니체를 좋아하게 된 것도 어려운 상황을 모두 이겨 내고 스스로 초인이 된다는 이야기가 너무 좋아서였어. 나한테는 아무도 없으니까. 혼자니까⋯⋯."

너무나 솔직하게 자신의 이야기를 털어놓는 고수에게 난 무슨 말을 해야 할지 조금은 당황스러웠다. 다행히 고수가 다시 입을 열었다.

"어제 경찰관 아저씨의 말처럼 사람은 혼자 살 수 없는 거잖아? 내 이웃도 사랑하지 못하면서 내가 어떻게 나를 극복하고 초인이 될 수 있겠어. 안 그래?"

– 《니체가 들려주는 슈퍼맨 이야기》 중에서

"위버는 넘어감, 우뚝 솟음, 뭐 이 정도 뜻이고, 멘시는 원래 인간이란 뜻인데 좀 더 나아가서 과거의 나 혹은 비속한 인간 유형, 안주하는 자들이란 뜻까지 포함한

단다. 결국 위버멘시란! 어느 한 곳에 고정되지 않고 부단히 노력하고 극복해서 새

로운 나로 넘어가는 과정을 이야기하는 것이란 말씀이지."

–《니체가 들려주는 슈퍼맨 이야기》 중에서

1 원한

　원한이란 보통 억울하고 원통한 감정이란 뜻이지만, 니체는 이 말을 특수한 철학 용어로 사용했다. 니체에 의하면, 모든 사람은 힘에의 의지를 갖고 자아를 실현하려 한다. 하지만 자신의 뜻을 이루기란 결코 쉬운 일이 아니다. 힘에의 의지는 현실의 여러 요소에 의해 끊임없이 방해를 받기 때문이다. 이때 강한 사람은 힘에의 의지를 더 많이 발현하여 자신을 더 많이 실현할 것이며, 약한 사람은 자아실현에서 큰 성과를 거두지 못할 것이다. 니체는 이런 경우 약한 사람이 품는 감정을 원한이라 말하는데, 그 본질은 시기심이나 열등감 같은 것들이다. 약한 사람들은 이런 고통스런 감정에서 벗어나기 위해 원래의 가치를 뒤바꿔 버린다.

2 열등감

　열등감은 자신의 능력이나 실력, 외모 등이 다른 사람보다 뒤떨어진다는 생각에서 생기는 불편한 마음을 말한다. 열등감의 반대말은 우월감이다.

"어? 여기가 어디야?"

잠에서 깨자마자 나는 소스라치게 놀랐다.

도대체 이게 무슨 일이람! 나는 하얀 드레스를 입고 있었다. 끝자락이 무릎까지 내려오고 레이스가 엄청나게 많이 달려 있는, 말 그대로 '공주 드레스'였다. 그리고 어깨에는 날개까지…….

'내가 천사나 공주가 된 건가?'

(……)

그때 어디선가 나팔 소리가 울려 퍼졌다. 그리고 어디서 나타났는지 모를 사람들이 얼굴에 가면을 쓰고 하나둘 모여들었다. 아, 가면무도회구나!

나팔이 세 번 울리자, 누군가가 나에게로 걸어왔다. 다른 사람들과 마찬가지로 가면을 쓰고 있고 안개 같은 것이 주변에 깔려 있어서 모습을 제대로 확인할 수 없었다.

내 앞에 와서 걸음을 멈춘 그 사람은 내게 손을 내밀었다. 나는 어안이 벙벙해서 꼼짝 않고 서 있었다. 잠시 후 그가 가면을 벗어던졌다.

아니, 이게 누구냐! 내가 그토록 사모해 마지않던 왕빈 오빠가 멋진 보조개를 만들며 나를 향해 웃고 있는 게 아닌가.

나는 떨리는 마음으로 오빠의 손을 잡았다. 그리고 우리는 춤을 췄다.

다른 사람들도 우리 주위에서 춤을 췄지만 그들은 우리의 들러리에 불과했다. 언젠가 부모님과 보았던 뮤지컬 속의 주인공이 된 듯했다. 환한 조명이 나와 왕빈 오빠만을 집중적으로 비추고, 우리가 있는 곳은 다른 곳보다 더 밝게 빛나는 듯했다. 내가 구름 위를 걷는 듯한 기분에 사로잡혀 있을 때, 어디선가 종소리가 들려왔다.

'댕, 댕!'

그런데 그 종소리를 듣자마자 나는 내 의지와는 상관없이 왕빈 오빠의 손을 뿌리치고 계단을 향해 뛰어가기 시작했다. 머릿속에서는 '내가 왜 이러지? 이게 아닌데. 난 왕빈 오빠랑 더 있고 싶은데……' 라는 말이 소용돌이쳤지만 말소리는 입 밖으로 나오지 못하고 머릿속을 맴돌 뿐이었다.

이상한 일은 계속 벌어졌다. 계단을 뛰어 내려가며 왕빈 오빠와 함께 있고 싶다고 생각하는 순간, 어느새 나는 왕빈 오빠의 손을 잡고 다시 춤을 추고 있었다. 그리고 다시 종소리가 들려왔다. 다시 뛰어가고, 다시 춤을 추고……. 고장 난 비디오테이프가 같은 장면을 계속해서 재생하듯이 여섯 번이나 나는 계단을 뛰어 내려갔다가 춤 추기를 반복했다.

(……)

내 주위에는 아무도 없었다. 왕빈 오빠도 사라졌다. 공연이 끝난 무대처럼 주위
는 조용했다. 그러나 그것도 잠시, 처음처럼 다시 내 주위는 사람들로 가득 찼다.
한쪽 구석에서 한 사람이 걸어왔다. 아, 또 시작인가!

— 《니체가 들려주는 슈퍼맨 이야기》 중에서

"그런데 너희들 불교에서 말하는 '윤회' 라는 것 들어 봤지?"

"네, 사람이 한 번 태어나서 죽으면 끝나는 게 아니라 다음 세상에 또다시 태어
나고, 죽고 나면 또다시 태어나는 걸 반복하는 거, 맞죠? 나쁜 짓을 하면 다음 세상
에서는 동물로 태어나고, 착하게 살면 다시 사람으로 태어나고, 뭐 그런 거 아니
에요?"

나는 어쩜 이렇게 아는 것도 많을까.

"그래, 맞아. 불교에서는 윤회의 업보에서 벗어나 영원한 극락에 이르는 것을
최고로 여긴단다. 그리고 요즘 우리 진영이가 푹 빠져 있는 니체도 '영원 회귀' 라
는 말을 했지."

"와! 어김없이 니체 등장이오!"

어디선가 누군가에게 무슨 일이 생기면 어김없이 나타나는 우리의 니체! 짜잔!

"니체 추종자 다 되셨네, 우리 진영이! 그래, 모든 것이 똑같이 반복된다는 생각
을 한 점에서 니체가 불교의 윤회 사상과 비슷한 생각을 가졌다고 할 수 있지. 영
원 회귀 사상은 얼핏 보기에 니체의 '힘에의 의지' 와는 모순되는 결정론처럼 보이

지만, 니체가 영원 회귀를 이야기한 이유는 수레바퀴처럼 반복되는 우리의 삶에서 지금 이 순간에 최선을 다한다면 그 다음 생도 최선을 다한 지금의 삶이 반복될 거라고 믿었기 때문이야."

– 《니체가 들려주는 슈퍼맨 이야기》 중에서

생각 쓰기

초인이란 삶의 고통과 허무함을 인식하면서도 기구한 삶의 운명을 긍정하고 사랑하는 사람을 말하는 거야. (……) 힘든 삶 속에서 자신의 운명을 사랑한다는 것, 멋지지 않니? 이러한 운명애는 모든 것이 이미 결정되어 있다는 결정론과는 전혀 다른 거야. 그러니까 우리는 똑같은 생이 무한히 반복되더라도 그것을 나의 의지가 선택한 것으로서 기꺼이 받아들이려고 하는 운명애를 가져야 해. 그리고 지금 살아가는 세상을 아주 알차게 산 뒤에, '이것이 생이었더냐! 자, 그렇다면 다시 한 번!' 이라고 외칠 수 있어야 하는 거지. 그러려면 지금 사는 현재를 후회 없이 살아야겠다는 결론이 나오겠지? 우리 딸, 우리 아들! 그래서 엄만 우리의 삶이 단 한 번뿐이라고 생각하고, 똑같은 잘못을 저지르지 말았으면 해. 그렇다고 잘못을 저질렀을 때 너무 거기에 얽매이지도 말고. 모쪼록 행복하고 즐겁게 세상을 살아갔으면 좋겠구나."

– 《니체가 들려주는 슈퍼맨 이야기》 중에서

어느 야심한 밤, 적막한 고독 속에 잠겨 있는데 한 악마가 살그머니 다가와 이렇게 말한다면 어떻게 하겠는가.

'너는 지금까지 살아온 생을 다시 한 번, 아니 수없이 몇 번이고 살아야만 한다. 새로운 것이라고는 전혀 없다. 모든 고통과 기쁨, 모든 사념과 탄식, 네 생애의 크고 작은 모든 일들이 계속 반복되어야만 한다. 모든 것이 똑같은 순서로 되풀이되는 것이다. 이 거미도, 나무들 사이의 달빛도, 지금의 이 순간과 나 자신도, 존재의 영원한 모래시계는 언제까지나 다시 반복되며, 미세한 모래알에 불과한 너 자신 역시 그것과 함께 돌고 돌 것이다!'

　너는 그렇게 말한 그 악마를 저주하겠는가? 아니면 그 악마에게 '너는 신이다. 이보다 더 신적인 것을 나는 듣지 못했어!' 라고 대답할 수밖에 없는 그런 순간을 체험하겠는가?

– 니체, 《차라투스트라는 이렇게 말했다》 참고

생각 쓰기

1 윤회

　윤회란 불교의 가르침 중 하나로, 세상에 존재하는 모든 것은 수레바퀴가 돌 듯이 계속해서 여러 가지 생애를 살아간다는 설이다. 이때 뒤에 오는 생애는 앞의 생애, 즉 전생에서 어떻게 살았는지에 따라 결정이 된다. 이러한 윤회설 은 인간이 악한 행동을 멀리하고 착한 행동을 하면서 살도록 가르치는 것이다.

2 업보

　업보는 불교에서 사용하는 말로, 간단히 업이라고도 한다. 업보는 사람이 과 거에 저지른 잘못으로 인해서 현재나 미래에 치르는 대가를 말한다. 예를 들어 불교에서 말하는 전생에 악한 일을 했기 때문에 그 다음 생에서 벌레로 태어난 다면, 이는 업보를 치르는 것이다. 또 과거에 도둑질을 해서 지금 감옥에 갇혀 있다면, 이 역시 업보를 치르는 것이라고 말할 수 있다.

3 결정론

　결정론은 철학 용어로, '이미 모든 것이 결정되어 있다' 라는 의미를 함축하

고 있다. 결정론에 의하면, 세상의 모든 일은 정해진 인과관계에 따라서 일어
난다. 이런 입장에 따르면 사람에게도 자유는 없다. 즉 사람이 스스로 자유롭
다고 생각하며 하는 모든 일은 사실 인간보다 위에 있는 어떤 더 큰 힘에 의해
일어난다는 것이다. 인간이 운명에 의해서 철저히 지배받는다는 숙명론도 결
정론의 한 가지이다.

03 ^강 종교와 행복

"오늘 진영이 때문에 진도 나가긴 힘들겠고 이야기나 할까? 다들 꿈이 있지? 한
명씩 말해 볼까?"

"전 연예인요."

"전 부자요."

"저도 부자가 되어서 놀고먹는 거요."

"전 프로게이머요."

"다들 꿈이 있긴 한데, 정말 놀고먹기만 하면 행복할까?"

"돈이 있어야 해요. 그래야 뭐든지 다 살 수 있잖아요. 맛있는 것도 많이 먹고."

아이들이 저마다 목청을 높여 소리쳤다.

"정말 부자들은 행복하기만 한 걸까? 그런데 왜 부자들도 자살을 하고, 종교에
매달릴까?"

선생님의 얘기에 교실은 찬물을 끼얹은 듯했다. 하지만 나는 선생님의 말씀이

귀에 쏙쏙 들어오는 것 같았다.

'정말 나 하고 싶은 대로 하면서 살면 행복할 줄 알았는데…….'

그런 말이 머릿속에서 들려왔다.

–《니체가 들려주는 슈퍼맨 이야기》 중에서

"너희 반 친구들 대부분이 돈을 많이 벌어서 놀고먹는 게 꿈이라고 했다지? 그런데 세상에는 어마어마하게 돈을 많이 갖고도 자살을 하거나 우울증에 걸리는 사람들이 많아. 꼭 돈이 많다고 해서 행복한 건 아니라는 말이겠지? (……) 대부분의 사람들은 현재의 처지에 만족하지 못하고 항상 무언가를 더 갖기를 원해. 자신이 죽은 후에 고통 없이 사후 세계에서 살기를 바라는 것 역시 욕심이라고 할 수 있어. 그래서 자신이 믿는 신에게 소망하는 것을 이루어 달라고 기도하는 거야."

–《니체가 들려주는 슈퍼맨 이야기》 중에서

생각 쓰기

나의 거듭되는 호기심이 반가운 듯 엄마는 미소를 지으셨다.

"지금부터 하는 말을 잘 들어 보렴. 이건 니체가 한 말이야."

만약 신이 존재해서 모든 것을 미리 결정하신다면 인간은 할 일이 없게 된다. 그러므로 어떤 신도 존재하지 않는다. 아니, 존재해서는 안 된다. 만약 신이 존재한다면 우리 인간은 자유롭지 못하게 된다.

"니체의 이 말을 듣고 떠오르는 생각이 없니?"

"아! 알겠어요. 조금 전에 이야기했던 종교를 맹신하는 사람들처럼 현실에서 최선을 다할 생각은 않고 신이 더 좋은 사후 세계를 마련해 놓았을 것이라고 믿는 것보다는 지금의 삶과 현실에서 최선을 다하라는 말이죠? 맞죠? 맞죠?"

(……)

"역시 우리 진영이는 엄마를 닮았나 봐. 하나를 가르치면 열을 아니까. 니체는 신이라는 존재를 인간이 만든 것이고 인간의 망상이라고 생각했어."

– 《니체가 들려주는 슈퍼맨 이야기》 중에서

수많은 종교들 가운데 특히 기독교를 혹독하게 비판한 니체는 '신은 죽었다'는 선언으로 인간의 영혼을 구원한다는 하늘나라는 사실 우리의 삶에 대한 소망을 표현한 것에 불과하다고 보았습니다.

그래서 하늘을 땅보다 더욱 중요시하고, 사후 세계를 현실보다 가치 있는 것으로 보는 종교의 교리를 비판한 것입니다. 종교의 교리에 따르자면 우리가 살아 숨 쉬는 기간은 다만 잘 죽기 위한 준비 기간에 지나지 않았기 때문입니다.

니체는 종교가 주장하는 천상의 세계에서 잘 살기를 기원하기보다는 현실과 현재의 삶에 충실함으로써 행복을 찾을 수 있다고 말했습니다.

– 《니체가 들려주는 슈퍼맨 이야기》 중에서

"니체는 신이라는 존재를 인간이 만든 것이고 인간의 망상이라고 생각했어. 현재의 삶이 괴롭다고 생각하는 사람들이 아무런 현실적 노력 없이 절대자의 도움으로 행복해지기 위해 이상적인 세계를 꿈꾸는 것이라고. 사람이 이상만 바라보면서 살 수는 없어. 그렇다고 단지 현실에서 잘 먹고, 잘 입고, 잘 자는 것을 행복의 조건이라고 말할 수도 없어. 사람은 땅을 딛고 살면서 가끔 하늘을 바라볼 때 행복할 수 있단다. 모든 것이 충족되었지만 이상이나 꿈을 갖지 않는다면 그 사람은 불행한 거야. 현재에 만족하면서도 거기에 안주하지 않고 더 큰 꿈을 갖고 열심히 살아간다면 그 속에서 행복을 찾을 수 있을 거야."

(……)

나는 창문을 활짝 열었다. 그리고 고개를 높이 쳐들어 하늘을 올려다보았다. 저 하늘 어딘가에 천국이 있을지도 모른다고 생각했다. 그리고 천국은 이 땅 위에도 있다……. 나는 니체가 한 말을 천천히 읊었다.

"인간은 땅을 벗어나 살 수 없다. 자꾸 천국으로만 가려고 하지 말고 땅에 충실하라. 발이 딛고 있는 현실을 사랑하라!"

– 《니체가 들려주는 슈퍼맨 이야기》 중에서

생각 쓰기

주요 개념 및 배경 지식

1 이상적

'이상적'이란 이상(理想)에 맞는 것이라는 뜻이다. 이상이란(실제로는 실현할 수 없다 하더라도 생각은 할 수 있는) 사물의 가장 완전한 상태나 모습을 뜻한다. 예를 들어, 가난한 사람과 부유한 사람의 구별이 없고 모두가 평등하고 행복한 사회를 꿈꾼다면, 이는 '이상 사회'를 생각하고 있는 것이다. 그렇지만 마음속에 품고 있는 목표로서, 실현되기 어렵지만 불가능하지는 않은 것도 이상이라고 부른다. 예를 들어서, 한 어린 소년이 한국 최고의 축구 선수가 되겠다는 목표를 품는다면, 이 목표를 그 소년의 이상이라고 말할 수 있다.

2 행복

행복이란 사람이 사는 것에 만족하여 즐겁고 흐뭇함을 느끼는 상태를 말한다. 무엇이 참된 행복인가에 대해서는 철학자들마다 각기 다른 견해를 갖고 있다. 자신의 모든 욕구를 충족시키는 것이 행복이라는 사람이 있는가 하면, 모든 욕구를 끊고 절제하는 것이 행복이라는 사람도 있고, 또 신의 뜻을 따르는 것이 행복이란 사람도 있다. 니체는 초인이 되는 것이야말로 행복의 길이라고 말했다.

아비투어 철학 논술

예시 답안

case 1 니체는 모든 존재의 본성을 힘에의 의지라고 말한다. 힘에의 의지는 살려는 의지와 충동, 다시 말해 자신을 전개하고 발전시키고 확장시키려는 욕구를 뜻한다. 그런데 개개 동식물이나 인간은 힘에의 의지를 실현하는 과정에서 그것을 제한시키려는 힘과 부딪히게 된다. 세상의 모든 것은 혼자 고립되어 존재하는 것이 아니라 다른 많은 것들과 함께 있으므로 서로 영향을 주고받을 수밖에 없기 때문이다. 즉 모두가 힘에의 의지를 실현하고자 하므로 서로 간의 충돌이 불가피하고 또 이 과정에서 차등이 생길 수밖에 없다는 얘기이다.

인간의 삶에서도 모두 똑같은 정도로 힘에의 의지를 실현할 수는 없으므로 불평등이 생기게 마련이다. 그런데 이런 불평등한 상황이 생기면, 힘에의 의지를 더 적게 실현한 사람들은 더 많이 발현한 사람들에 대해서 원한을 품는다. 즉 원한은 자신이 가진 힘에의 의지를 제대로 전개할 수 없었다는 것에 대한 원통함이자 더 많이 전개한 사람에 대한 시기심인 것이다.

학급에서 공부를 제법 하는 친구가 수업 시간에 손을 들어 자주 대답하는 모습을 보면, 우리는 그 친구가 잘난 체를 한다고 생각하여 왕따를 시키곤 한다. 니체에 따르면, 이것은 원한의 감정 때문이다. 즉 자신도 공부를 잘하고 싶고 선생님에게서도 인정을 받고 싶으나 그것이 좌절되자 고통스런 감정을 느끼고, 또 그런 감정 때문에 이른바 ‘나대는’ (즉 힘에의 의지를 더 많이 발현하는) 친구를 집단적으로 따돌리는 것이다.

원한이란 나의 힘에의 의지가 좌절되었을 때 품는 열등감과 시기심이라고 말할 수 있다. 그리고 이런 원한에 매달리는 사람은 흔히 자신은 전혀 노력하지 않으면서 자신보다 나은 사람을 깎아내리는 데 열중한다. 진정한 초인이라면 잠시 동안은 그런 원한을 품을지라도 그 상태에 머물지 않고 더 나은 자기 자신이 되기 위해 노력할 것이다. 초인이라는 것은 부단한 노력을 통해 스스로의 단점이나 속됨, 비속함을 극복하고 새로운 나로 넘어갈 수 있는 사람이기 때문이다. 이런 의미에서 니체는 초인이란 '원한을 품지 않는 사람'이라고 말하는 것이다.

제시된 글에서 고수는 어려운 생활환경에서도 좌절하지 않고 열심히 공부하는 똑똑한 학생이다. 고수에게는 초인다운 점이 있다고 말할 수 있다. 하지만 다른 한편으로 고수는 자신보다 가정 형편이 나은 친구들에게 시기심을 품고 있었다. 고수도 어떤 측면에서는 원한을 품고 있었으며, 이는 초인답지 못한 모습이었던 것이다. 하지만 고수는 이런 원한에 머물러 있지는 않다. 고수는 자신이 친구들에게 시기심과 열등감을 품고 있었음을 깨닫고는 그 점을 진심으로 반성하기 때문이다. 이처럼 부단히 '새로운 나'로 나아가는 고수에게서 우리는 초인의 모습을 볼 수 있다.

case 1 불교의 윤회설은 우리가 한 번 살고 죽는 것이 아니라 끝없이 또 다른 삶을 살게 된다고 가르친다. 이때 우리는 전생의 업보에 따라서 사람으로 태어날 수도 있고 짐승으로 태어날 수도 있다. 니체의 영원 회귀 사상도 이러한 윤회설과 비슷한 점이 있다. 우리 인간은 한 번 사는 것으로 그치는 것이 아니라 삶을 영원히 되풀이해서 산다는 것이다. 하지만 니체의 영원 회귀 사상, 즉 모든 것이 영원히 되풀이된다는 사상과 불교의 윤회설에는 차이가 있다. 니체의 영원 회귀 사상은 우리가 한 치도 틀리지 않은 삶, 즉 세세한 부분까지 똑같은 삶을 영원히 되풀이해서 산다고 가르친다. 즉 전생의 업보에 따라서 다음 생이 달라지는 일은 없다는 것이다.

그런데 똑같은 삶을 계속 되풀이해서 살아야 한다면 어떻게 될까? 우리는 사는 동안 불운한 일을 많이 겪는다. 예를 들어 몇 년간 사랑하던 사람과 헤어지면 우리는 큰 슬픔을 느낀다. 게다가 삶에는 이런 일이 하도 많아서 우리는 불행하기 위해 태어난 것은 아닌가 하는 생각이 들 때도 많다. 하지만 만약 우리의 삶은 단 한 번으로 끝나는 것이 아니라 아주 똑같은 모습으로 영원히 반복된다고 생각해 보자. 그럴 경우 우리는 똑같은 연인과 만났다 헤어지는 슬픔과 불행을 반복해야 할 것이다. 하지만 여기서 생각을 조금 달리해 보자. 우리 삶이 영원히 반복되는 거라면 우리는 연인과 지금 비록 헤어져도 언젠가는 다시 만날 거라는 희망을 가질 수 있다. 그러면 헤어지는 슬픔도 상당히 견딜 만하게 될 것이다.

물론 모든 것이 똑같이 되풀이되도록 결정되어 있다고 생각한다면 오히려 우리는 삶 자체에 시큰둥해질 수도 있다. 즉 어차피 반복될 일에 애쓰면 무엇하나 라는 생각을 하게 될 수도 있다. 여기서 니체는 다시금 초인의 사상을 끌어들인다. 초인은 이 영원한 되풀이 속에서도 최선을 다하는 사람이다. 즉, 주어진 삶을 만끽하며 사는 사람이다. 이처럼 니체의 영원 회귀 사상은 선택의 여지없이 되풀이될 삶에 대해 쓸데없는 불만이나 원망을 품지 말고 최선을 다해 노력하고 맘껏 향유하며 살라는 취지로 해석되어야 할 것이다.

case 2 사람들이 내세에서의 다른 삶을 자꾸 생각하는 것은 현재의 삶 자체가 행복하지만은 않기 때문이다. 인생은 고해라는 말처럼 살다 보면 괴롭고 불행한 일이 너무 많아서 사람들은 내세를 동경한다. 다시 말해 현재의 삶을 그 고통까지 포함해서 완전하게 사랑하기는 어렵다는 것이다.

그런데 만약 우리의 현재 삶이 앞으로도 무한히 되풀이되며, 우리가 그런 삶을 영원토록 반복해서 살아야 한다면 어떻게 될까? 우리는 우선 끔찍하다는 생각을 하게 될 것이다. 이 모든 불행과 괴로움을 또 다시 겪어야 한다는 것은 형벌과 다름없다는 생각이 들 것이기 때문이다.

하지만 니체는 '영원 회귀' 라는 이 사상을 받아들이면 오히려 우리가 현재의 삶에 더 충실할 수 있는 가능성이 생긴다고 말한다. 현재와 다른 내세란 없고 현재와 똑같은 내세만 있다면 우리는 다른 종류의 삶에 대해서 더 이상 꿈꾸지 않게 될 것이다. 현재의 삶은 우리가 몇 번이고 다시 태어난다 해도 선택의 여지없이 결정되어 있는 삶이기 때문이다. 이때 인간은 영원히 되풀이될 그 삶을 허무하게 흘러보낼 것인가 아니면 그 삶을 사랑할 것인가라는 선택의 기로에 서게 된다.

이때 어떤 자세가 인간을 더 행복하게 할 수 있는지는 명백하다. 영원히 되풀이될 자신의 삶을 기꺼이 사랑하는 사람은 영원히 행복할 수 있을 것이다. 니체는 이처럼 반복될 인생 자체를 사랑하는 것을 '운명애'라고 부른다. 즉 운명애란 삶이 영원히 반복되더라도 기꺼이 그것을 긍정하고 받아들이겠다는 태도를 말하는 것이다. 물론 고통과 불행이 끊이지 않는 우리의 삶을 철저히 긍정하고 사랑하는 것은 쉽지 않은 일이다. 그렇기에 니체는 운명애를 갖는 데에도 초인의 의지가 필요하다고 말한다.

주 제 탐 구 **03** 강 종교와 행복

case 1 흔히 사람들은 돈이 많아서 일을 하지 않아도 원하는 것을 모두 살 수 있으면 행복할 것이라고 믿는다. 하지만 우리 주위를 둘러보면 부자인데도 불구하고 행복해 보이지 않는 사람들이 적지 않다. 그런 사람들 중에는 자살을 선택하는 사람들도 있다. 자살을 하는 것은 삶 자체에 의미를 느끼지 못하기 때문이다. 그 이유는 무엇일까? 사람들이 삶에 의미를 갖지 못하거나 불행하다고 느끼는 이유에는 물론 여러 가지가 있을 것이다. 하지만 부자냐 가난뱅이냐와 관계없이 인간이 느끼는 근본적인 불행의 감정은 언젠가 죽어야 한다는 것을 안다는 데서 생긴다. 그 때문에 삶 자체가 허무하고 무의미하게 느껴지는 것이다. 가난해서 돈을 벌려고 애쓰는 사람은 단 한 번 살다 죽을 텐데 왜 이렇게 고생만 해야 하나 라고 생각할 것이며, 부자는 죽으면 그만인데 돈이 많아 봤자 무슨 소용인가 라고 생각할 것이다. 이처럼 사람들은 언젠가 죽어야 하기에 인생을 덧없다고 생각하며 이를 견디기 어려워한다. 만약 사후 세계가 있다고 한다면, 현재의 삶 자체가 그토록 무의미하게 느껴지지는 않을 것이다. 다른 세상에서 지금보다 행복해질 수 있으리라는 희망 또는 지금의 행복이 끝나지 않고 계속될 수 있으리라는 희망을 가질 수 있기 때문이다. 바로 이 때문에 사람들은 사후 세계가 있기를 바라는 것이다.

case 2 니체에 따르면 종교, 특히 기독교는 인간의 망상이다. 현실의 삶이 괴롭고 무의미하다고 느끼기 때문에 어떤 위로를 받고 또 현재는 느끼지 못하는 행복을 언젠가 얻게 되리라 꿈꾸는 것이 바로 기독교라는 것이다. 이런 맥락에서 니체는 기독교가 약자들이 생각해 낸 허구라고 말한다. 즉 현실적인 노력 없이 그저 믿음만으로 절대자에 의지해서 행복을 얻으려 소망하는 비겁한 생각의 체계가 기독교이다. 더욱이 이러한 기독교가 오랫동안 서구 사회의 생활 곳곳을 지배하면서 약한 비겁자들을 양산해 왔다는 점을 니체는 개탄한다.

니체에 의하면 약한 비겁자들의 망상인 기독교는 현실의 삶을 등한시하게 한다는 점에서도 유해하다. 기독교는 사람들로 하여금 현재의 삶보다 공허한 내세에 관심을 갖게 했으며, 그 때문에 소중한 현실에 최선을 기하지 못하도록 방해했다는 것이다. 이런 이유에서 니체는 사람들에게 '신은 죽었다!' 라고 가르쳤다. 존재하지 않는 신에게 굴종하며 매달리는 대신 현실의 삶에 더 충실하라는 것이다.

case **3** 니체는 기독교라는 망상의 체계 안에서 행복을 찾는 것은 어리석다고 보았다. 어차피 내세는 인간이 지어낸 이야기에 불과하므로 인간의 행복을 보장해 주지 못한다는 것이다. 행복은 인간이 현재 살고 있는 삶에서 찾아야 한다. 그러나 현실에서의 참된 행복이란 그저 동물적 욕구를 충족시킨다거나 더 많은 것을 소유한다거나 더 많은 향락을 누린다고 해서 얻을 수 있는 것은 아니다. 니체가 말한 현실에서의 참된 행복이란 그런 것이 아니다. 니체의 초인 사상이 말해 주듯, 인간은 끊임없이 노력하는 가운데 현실의 비속함에서는 벗어나야 한다. 그러므로 인간은 자신의 '힘에의 의지'가 동물적 욕구나 소유욕, 향락욕 같은 수준에 머물러 있게 하지 말고 한층 높은 차원으로 고양되도록 애써야 한다. 헛되이 내세에 눈길을 돌리지 않고 현실에 발을 붙이되, 모든 비속한 욕심에서 벗어나는 정도에 이를 때까지 힘에의 의지를 실현시켜 나가야 하며, 이런 초인이 되었을 때에야 진정한 행복을 얻을 수 있다.

철학자가 들려주는 철학이야기 019

예수가 들려주는 십자가 이야기

저자_양일동

광주신학교와 전남대학교 철학과를 졸업하고 동 대학원에서 석사 학위를 받았다. 현재 전남대 철학과 박사 과정 중에 있다.

예수의 '십자가'

1. 인간의 죄에 대한 설명
2. 하나님과 인간의 관계
3. 예수는 무슨 일을 하였을까?

예수의 '십자가'

1 인간의 죄에 대한 설명

기독교의 죄는 인간과 인간 사이의 문제가 아니라 하나님과 인간 사이의 문제이다. 하나님은 인간을 창조하였고 인간이 그 창조의 목적에 맞게 살도록 하였다고 《성경》은 말한다. 만약 최초의 인간이 그 창조의 목적에 맞게 살았다면 죄 문제는 발생하지 않았을 것이다. 하나님과 최초의 인간 사이에 발생한 죄 문제를 해결하는 것이 근본적인 죄의 해결이다.

《성경》은 하나님이 세계 모든 만물을 만들고 최초의 인간, 즉 아담과 하와를 만들었다고 한다. 그들은 장차 태어나게 될 모든 인간의 대표였다. 하나님은 그들에게 세상을 다스릴 권한을 주었고 하지 말아야 할 것을 지시해 주었다. 그들이 하지 말아야 할 것은 오직 하나였는데 선악과를 따 먹지 말라는 것이었다. 어찌 보면 과일 하나를 따 먹는 것이 무슨 죄가 될 수 있겠는가 생각할 수 있겠지만 그것은 하나님과의 관계에서 인간이 반드시 따라야 할 법이었다. 뱀의 꾐에 의해 인간은 그 과일을 먹고 싶은 욕심에 사로잡히게 되고 결국 하나님의 금지 명령을 어기고 그 열매를 먹었다고 《성경》은 말하고 있다. 이들의 행위는 이 땅에 태어날 모든 인간들의 조상으로서 하나님 앞에서 행한 것이므로 그 이후에 태어나는 모든 사람들은 이 죄의 영향 아래 놓이게 된다고 한다. 이것이 《성경》에서 말하는 인간의 원초적인 죄, 즉 원죄이다. 그리고 이 원죄 문제를 해결하는 것이 기독교의 가장 큰 종교적 관심사이다. 이 해결을 위해 하나님 자신의 방법을 따라 하나님이 인간으로 태어나야 했다고 한다.

우리는 인간과 하나님 사이의 문제뿐 아니라 인간과 인간 사이의 문제를 갖고 있다. 어쩌면 이것이 우리가 좀 더 빈번하게 접하게 되고 현실적으로 느끼게 되는 문제일 것이다. 사회 법적인 문제뿐만 아니라 타인에 대한 도덕적인 문제들, 우리 양심에 의해 부끄러움이 일어나는 모든 문제들이 죄이다. 예수는 우리가 마음에 좋지 않은 생각을 갖고 있는 것조차도 죄라고 말하고 있다. 이러한 우리 일상의 죄는 타인에게 용서를 구하고 법적이고 도덕적인 책임을 지는 것으로 해결할 수 있다. 하지만 그리스도인들은 더 나아가 이러한 죄에 대한 하나님 앞에서의 회개를 통해 완전한 용서를 받을 수 있다. 또 매일의 삶 속에서 하나님을 믿는 사람들이 하나님과의 관계에서 문제가 발생할 때 예수를 중재로 한 기도와 회개의 실천을 통해 그 문제를 해결할 수 있다.

2 하나님과 인간의 관계

《성경》은 태초에 하나님이 인간을 창조했다고 말한다. 기독교에서 하나님은 인간의 창조자이고 인간은 하나님의 창조물이다. 그렇다면 왜 하나님은 인간을 만들었을까? 그것은 하나님 자신의 기쁨을 위해서였다고 한다. 하나님 자신이 세계를 만들고 그 안에 인간을 만들어 살게 하는 것을 즐거워하였다는 것이다. 그리고 인간에게 역할을 부여했는데, 그것은 이 세상에서 번성하고 모든 만물을 다스리라는 것이었다. 그러므로 인간의 번성과 만물을 다스림은 모두 하나님 자신의 기쁨을 위한 것이라고 할 수 있다.

하지만 하나님과 인간의 관계는 인간의 죄로 인해 깨지게 되었다고 한다. 하나님은 죄가 없고 최초의 인간도 죄가 없었으나 인간이 죄를 범함으로 하나님과 인간 사이의 관계도 깨졌다는 것이다. 물론 죄로 인해 그들의 관계가 깨지긴 하였으나 그것은 창조자와 창조물의 관계가 깨졌다는 것이 아니라 최초 인간이 가졌던 하나님과 인간 사이의 친밀한 관계가 깨졌다는 것이다. 하나님은 이 관계의 회복을 위한 계획을 세우게 되는데 그 역할을 하기 위해 예수가 이 땅에 오게 된 것이다.

《성경》은 구약과 신약으로 나뉜다. 구약은 하나님과 관계가 깨진 인간이 앞으로 그들의 관계를 완전히 회복시켜 줄 예수를 기대하며 기다리는 내용이 담겨 있다. 또한 신약은 그 예수가 와서 어떻게 하나님과 인간 사이의 깨진 관계를 회복시켰는지, 또 그 관계를 회복한 사람들이 어떻게 살아야 하는지를 기록하고 있다.

❸ 예수는 무슨 일을 하였을까?

《성경》은 최초의 인간이 범한 죄의 해결을 위해 예수가 이 땅에 왔다고 말한다.

그런데 그가 어떻게 이 원죄의 문제를 해결할 수 있는 것일까?

최초의 인간 아담과 하와가 모든 인간의 대표로서 지은 죄의 해결을 위해서는 죄가 전혀 없는 사람의 죄에 대한 형벌, 즉 죽음이 필요했다. 이것이 하나님의 법이라고 한다. 《성경》은 하나님이 공의의 하나님이라고 말한다. 즉 죄에 대해서는 정확히 그에 대한 벌을 내린다는 것이다. 인간의 원죄에 대한 해결은 이처럼 죄 없는 완벽한 인간의 희생으로 성취된다는 하나님만의 해결책이 있었다.

하지만 모든 인간이 원죄를 갖고 있기 때문에 아무리 위대한 성인이라 할지라도 사람들을 대신할 희생 제물이 될 수 없었다. 여기서 하나님만의 방법이 필요했다고 《성경》은 말한다. 즉 하나님 자신이 인간의 몸으로 이 땅에 와서 인간의 대표로서 대신 죽어 줌으로써 원죄의 문제를 해결하려는 것이다.

예수는 그렇게 해서 인간의 몸을 하고 세상에 온 하나님이라고 《성경》은 말한다. 그러므로 예수가 이 땅에서 한 일은 원죄를 가진 모든 인간을 위해 대신 죽는 제물이 되는 것이었다. 하나님이 하나님 자신의 방법을 통해 인간을 용서해 주는 이 사건을 하나님의 위대한 사랑이라고 《성경》은 말한다.

또한 예수는 우리에게 하나님을 사랑할 것과 우리가 서로 사랑할 것을 가르쳤다. 이러한 예수의 가르침에 오늘날 세계 인구의 1/3이 그를 따르고 있을 정도로 큰 영향력을 미치고 있다.

01강 양심의 가책

이른 아침에 예수가 성전 뜰에 나타났습니다. 그러자 많은 사람들이 그의 주위로 몰려들었습니다. 예수가 앉아서 그들을 가르치고 있을 때 율법사들과 바리새인들이 간음한 여인을 붙잡아 왔습니다. 그들은 그 여인을 사람들 앞에 세우고 예수에게 물었습니다.

"선생님, 이 여자는 간음을 하다가 붙잡혔습니다. 모세의 법에 따르면 이 여자는 돌로 쳐 죽여야 합니다. 당신은 뭐라 말하시렵니까?"

그들은 이 질문으로 예수를 궁지에 몰아넣어 법정에 고소할 이유를 만들려고 했던 것입니다. 하지만 예수는 쭈그리고 앉아서 손가락으로 땅바닥에 무엇인가 쓰기 시작했습니다. 그들이 다시 예수에게 물었을 때 예수가 말했습니다.

"여러분 중 누구라도 아무런 죄가 없는 사람이 먼저 돌을 들어 저 여인을 치십시오."

예수는 다시 앉아서 땅에 무엇인가를 썼습니다. 이때 예수의 말을 들은 사람들은 어른들부터 하나 둘 떠나갔습니다. 마침내 예수와 그 여자만 남아 있었을 때 예수가 간음한 여인에게 물었습니다.

"그들이 어디에 있습니까? 당신을 비난하는 사람이 아무도 없습니까?"

"아무도 없습니다, 주님."

"그러면 나도 당신을 비난하지 않습니다."

예수가 말했습니다.

"이제 가십시오. 그리고 죄를 짓지 말고 사십시오."

– 《성경》, 〈요한복음〉 9장 1~11절

몇몇 바리새인들과 율법 교사들이 예루살렘으로부터 예수에게로 와서 물었습니다.

"왜 너희 제자들은 우리 장로들의 전통을 깨뜨리느냐? 그들이 음식을 먹기 전에 손을 씻지 않았다."

(……)

예수가 군중을 자기에게로 불러서 말하였습니다.

"듣고 깨달으십시오. 사람의 입 안으로 들어가는 것이 그를 더럽게 하지 않습니다. 그러나 사람의 입으로 나오는 것이 그를 더럽게 합니다."

(……)

베드로가 말했습니다.

"그 비유를 우리에게 설명해 주십시오."

"당신은 아직도 그렇게 모르겠습니까?"

예수가 그들에게 대답했습니다.

"입으로 들어가는 무엇이나 배 안으로 들어가고 이후 몸 밖으로 나오는 것을 보지 않습니까? 하지만 입에서 나오는 것들은 마음으로부터 나오고 이것들이 사람을 더럽게 하는데, 악한 생각과 살인, 간음, 성적인 죄, 도둑질, 거짓 증거와 비방 등이 마음으로부터 나옵니다. 이것들이 사람을 더럽게 만드는 것이지 손을 씻지 않고 먹은 것이 사람을 더럽게 하는 것은 아닙니다."

– 《성경》, 〈마태복음〉 15장 1~20절

1 양심

도덕적인 가치를 판단할 수 있는 의식으로 모든 사람이 갖고 있다고 한다. 우리가 잘못을 저질렀을 때 양심에 의해 우리의 마음이 뜨끔해지며 나쁜 일을 할 때에 가슴이 뛰고 떨리게 되는 것이 이를 설명해 준다. 《성경》은 모든 사람이 양심을 갖고 있다고 말한다.

2 성전

하나님께 제사 드리는 곳이다. 이스라엘의 열두 부족 중 레위 부족 사람들이 이곳에서 일했으며 제사장들과 대제사장이 제사를 직접 인도했다.

3 바리새인

이스라엘인 사이에 있었던 여러 종교 분파 중 하나이다. 이들은 그들의 종교적인 규칙을 철저히 지키고 《성경》 외에도 그들의 전통과 관습을 잘 지켰다. 하지만 이들의 철저한 생활에 대해 예수는 알맹이는 버리고 껍데기만 지킨다며 신랄하게 비판하였다.

4 간음

《성경》에서는 결혼을 한 사람이 자기의 배우자 외의 다른 사람과 성 관계를 가지는 것, 그리고 결혼을 안 한 사람이 다른 사람과 성 관계를 가지는 것을 간음이라고 부르며 이를 엄격히 금하고 있다. 《성경》에 등장하는 모세는 간음을 한 사람을 죽이라고 명령했을 정도이다. 하지만 예수는 잘못을 뉘우치는 사람이라면 누구든지 용서해 주어야 할 것을 가르치고 있다. 용서받지 못할 죄는 없다는 것이다.

5 장로

이스라엘 공동체의 지도자들을 말한다. 이들이 지켜 왔던 종교적인 의식들은 이스라엘 사람들에게 하나님을 잘 섬기는 전통으로 받아들여졌고 그것을 어기면 죄로 여기기도 했다. 그래서 그들은 이 전통을 지키기 위해 노력했으며 그것을 지키면 자신들이 깨끗하고 죄가 없다고 생각했다. 하지만 예수는 그러한 형식적인 것들보다는 우리 마음의 상태가 더 중요하다는 것을 깨우쳐 주고 있다.

6 예루살렘

이스라엘의 수도이며 하나님의 성전이 있었던 곳이다.

02_강 용서받는 사람과 회개

case 1 여러분이 만약 하나님이라면 다음 두 사람 중에서 누구의 기도를 들어줄 것이며 왜 그렇게 할 것인지 서술하시오.

어느 날 두 사람이 기도하러 성전에 갔다. 한 사람은 《성경》을 연구하는 학자로서 화려한 옷에 긴 수염을 가진 바리새인이었다. 다른 사람은 자기 민족들에게서 세금을 걷어 내어 로마에 바치는 세리였다. 두 사람이 같은 장소에서 몇 걸음 떨어진 거리를 두고 하나님께 기도를 하였다. 바리새인이 고개를 꼿꼿이 들고 이렇게 말했다.

"하나님, 저는 다른 사람들의 물건을 훔친 적도 없고 나쁜 짓도 하지 않았습니다. 그리고 저기 옆에 있는 세리처럼 살지 않게 해 주셔서 감사합니다. 또 저는 일주일에 두 번씩이나 밥을 먹지 않고 기도하며 제가 버는 돈의 십일조를 당신께 바칩니다."

바리새인이 슬쩍 세리를 바라보았다. 세리는 고개를 푹 숙이고 가만히 있었다. 바리새인은 괜히 기분이 좋아지는 것을 느꼈다.

잠시 후 세리의 짧은 기도 소리가 들렸다.

"하나님, 저를 불쌍히 보시고 용서해 주십시오."

그는 가슴을 치며 거의 울부짖고 있었다.

바리새인은 속으로 '저것은 기도가 아니라 누굴 패는 것 같다' 고 생각했다.

이렇게 두 사람은 기도를 마치고 각자의 집으로 돌아갔다.

생각 쓰기

어떤 부자에게 아들이 있었다. 어느 날 아들이 아버지에게 말했다.

"아버지, 나중에 제게 줄 재산을 지금 주세요."

너무나 황당한 얘기에 아버지는 잠시 말을 하지 못했다. 유산은 사람이 죽은 뒤에 그의 자녀들에게 나눠 주는 것이기 때문이다. 아버지는 그 아들을 너무나 사랑했기 때문에 그냥 그의 요구대로 재산을 나누어 주고 말았다. 그런데 며칠 후 그 아들이 모든 재산을 가지고 집을 나가 버렸다.

아들이 집을 나간 이후로 아버지는 늘 걱정을 하며 아들이 건강하고 무사하기만을 빌 뿐이었다.

아들은 먼 나라로 가서 사치스럽게 살았다. 친구들과 어울려 매일 파티를 열고 좋은 옷과 음식을 즐겼다. 그런데 그만 그 나라에 큰 흉년이 들었고 그는 얼마 못 가 가지고 있던 돈을 모조리 써 버리고 말았다. 돈이 없어서 어디서든 일을 해서라도 먹고 살려고 이리저리 돌아다녀 봤지만 일자리를 얻지 못했다. 흉년이라 사람들이 자기 먹고 살기도 힘들었기 때문이다. 가까스로 그는 돼지를 기르는 곳에서 일을 하게 되었다. 하지만 주인이 주는 음식으로는 늘 배가 고팠기 때문에 돼지가 먹는 씁쓸한 나무 열매를 가끔씩 주워 먹었다. 하지만 그것도 많이 먹을 수 없었다.

배가 고픈 눈으로 먼 하늘을 응시하던 그는 자기 아버지를 떠올리게 되었다.

"아, 내 아버지에게는 음식 걱정하지 않고 일하는 일꾼들이 얼마나 많은가! 그런데 난 여기서 굶주려 죽게 되었구나!"

그의 마음 한구석에선 아버지에게로 다시 돌아가고자 하는 마음이 생겨났다. 하지만 다른 한구석에선 돌아가기엔 너무 늦었다는 생각이 일어났다. 살아 있는 아버지의 재산을 유산으로 떼어 가지고 멀리 떠나와서 그 돈을 모두 써 버렸는데 무슨 낯으로 돌아갈지 부끄러웠기 때문이다. 그는 너무 배가 고파서 부끄러운 마음을 접고 자기 나라의 아버지에게로 돌아가고자 결심했다.

고픈 배를 움켜쥐고 터덜터덜 집으로 걸어가는데 멀리서 누군가가 달려오는 것이 보였다.

"아이고, 네가 돌아왔구나. 너가 떠난 뒤로 하루도 편히 잘 수가 없었다."

아버지는 오늘이나 내일이나 언제든 아들이 돌아오기를 바라며 기다리고 있었기 때문에 멀리서 걸어오는 아들을 금방 알아볼 수 있었던 것이다. 그는 울면서 너무나 기뻐하였다. 하지만 아들은 아버지에게 너무 미안했기 때문에 아버지와 함께 기뻐할 수 없었다.

"아버지, 제가 아버지께 너무 큰 잘못을 저질렀습니다. 그러니 지금부터는 아들이 아니라 종으로 생각해 주십시오."

아버지는 너무나 측은한 마음이 들었고 또 아들이 뉘우치는 모습에 감격해했다.

"됐다. 자 어서 집에 들어가자. 어서 씻고 옷을 갈아입고 잔치를 베풀자꾸나. 내가 너를 잃어버렸다가 다시 찾았으니 이 얼마나 기쁜 일이냐."

생각 쓰기

1 기도

《성경》에서 기도는 하나님께 우리의 상태를 표현하는 것으로 나타난다. 이 것은 주로 말의 형태로 진행되는데, 하나님을 찬양하는 것과 자신의 죄의 잘못을 인정하고 용서를 구하는 것 그리고 자신과 주위 사람들의 어려움과 필요에 대해 구하는 것 등의 내용으로 이루어진다. 기도는 그리스도인들에게는 우리 몸의 호흡과도 같은 것으로 간주되며 하나님과 대화하는 매우 중요한 신앙의 행위이다.

2 세리

예수가 살았던 당시의 이스라엘은 로마의 식민지였다. 세리는 이스라엘 사람으로서 로마 정부 밑에서 세금 걷는 일을 하는 사람이었다. 세리는 같은 이스라엘 민족에게서 돈을 빼앗아 로마에 바치는 일을 하므로 민족을 파는 배신 행위를 하는 사람들과도 같았다. 또한 이들은 정해진 세금보다 더 많은 돈을 걷어 가서 일부를 자기가 갖기도 했다. 그래서 이스라엘 사람들은 세리를 죄인과 동일하게 생각하고 차갑게 대했던 것이다. 《성경》의 〈마태복음〉의 저자인 마태는 예수의 제자가 되기 전에 세리의 직업을 가지고 있다.

3 십일조

일하여 번 돈의 십분의 일을 떼어 하나님께 바치는 것을 말한다. 현대의 그리스도인들은 자기가 번 돈은 모두 하나님께로부터 온 것이라고 여기고 그 중 십분의 일을 떼어 하나님께 바친다. 그것은 자기 소득의 전부를 하나님께 드린다는 상징적인 의미이다. 교회는 전도와 교육 봉사와 구제에 이 돈을 사용한다.

4 회개

잘못을 뉘우치고 고치는 것을 말한다. 즉 자기의 잘못을 진정으로 뉘우치고 후회하며 그 일을 다시는 하지 않겠다고 다짐하는 것까지 포함한다. 더 나아가 그러한 의지적인 다짐과 노력 그리고 구체적인 실천을 포함한 것이다. 따라서 진정한 회개는 그가 예전에 행했던 잘못된 것들을 되풀이하지 않도록 해 준다.

03강 사랑과 공의

case 1 기독교에서 '하나님은 사랑'이라는 말을 한다. 다음 글을 읽고 하나님이 사랑이라는 말의 의미와 우리가 서로 사랑해야 하는 이유를 찾아 서술하시오.

여러분, 서로 사랑합시다. 왜냐하면 사랑은 하나님께로부터 오기 때문입니다. 사랑하는 사람은 누구나 하나님으로부터 오고 하나님을 압니다. 사랑하지 않는 사람은 누구나 하나님을 알지 못합니다. 왜냐하면 하나님은 사랑이기 때문입니다. 그는 이렇게 우리에게 사랑을 보여 주었습니다. 그는 그의 하나뿐인 아들을 세상에 보내 우리가 그를 통해 살도록 했습니다. 우리가 하나님을 사랑한 것이 아니라 하나님이 우리를 사랑했고 그의 아들을 우리의 죄를 갚기 위해 대신 희생한 이것이 사랑입니다.

여러분, 하나님이 이토록 우리를 사랑했기 때문에 우리 또한 다른 사람을 사랑할 수 있습니다. 어느 누구도 하나님을 본 사람이 없지만 만약 우리가 서로 사랑한다면 하나님이 우리 안에 살고 그의 사랑이 우리 안에서 완전해질 것입니다.

- 《성경》, 〈요한일서〉 4장 7∼12절

생각 쓰기

어느 날 아나니아라는 사람이 그의 아내 삽비라와 함께 자신의 재산 중 일부를 팔았습니다. 그들은 함께 그 돈 가운데 얼마를 떼어 숨겨 놓고 나서 사도들 앞에 와 그 나머지를 드렸습니다. 그때 베드로가 아나니아에게 말했습니다.

"아나니아, 어찌하여 당신의 마음에 악한 생각이 가득 차 있는 겁니까? 당신이 땅 값 얼마를 숨기고 성령을 속이고 있군요. 땅을 팔기 전에도 그것은 당신의 소유였으며, 그것을 판 후의 땅 값도 당신의 소유였습니다. 왜 그런 생각을 갖게 되었습니까? 당신은 사람을 속인 것이 아니라 하나님을 속인 것입니다."

아나니아가 이 말을 들자마자 곧 땅에 쓰러져 죽었습니다. 그리고 이 일을 듣는 모든 사람들이 크게 두려워하였습니다. 젊은 사람들이 그의 시체를 싸서 메고 나가 땅에 묻었습니다.

세 시간 후에 그의 아내 삽비라가 무슨 일이 일어났는지 모르고 들어왔습니다. 베드로가 그녀에게 물었습니다.

"아나니아가 땅을 판 값이 이것뿐입니까? 말해 보세요."

"예. 그것이 땅 값 전부입니다."

베드로가 그녀에게 말했습니다.

"어떻게 두 사람이 함께 성령을 시험하려 합니까? 보세요, 당신의 남편을 묻고

오는 사람들이 문 밖에 있는데, 당신 또한 데려갈 것입니다.”

그 즉시 삽비라는 베드로의 발 앞에서 쓰러져 죽었고 젊은이들이 그녀를 보고 데려다 남편 옆에 묻어 줬습니다.

온 교회와 이 일을 들은 모든 사람들이 크게 놀라워했습니다.

– 《성경》, 〈사도행전〉 5장 1~11절

생각 쓰기

----

1 아나니아와 삽비라

예수가 하늘로 올라간 후 그의 제자들이 교회를 세웠는데 아나니아와 삽비라도 그 교회의 일원이었다. 그 당시 그리스도인들은 자기가 원하는 만큼의 자기 재산을 교회에 봉헌하고 이것을 서로 나누어 쓰기도 하고 어려운 이웃들을 돕는 데도 사용했다. 아나니아와 삽비라가 자기의 재산을 교회에 드린 것은 칭찬받을 만한 일이지만 문제는 그들이 그 일부를 숨기고 전체인 양 거짓말을 한 데 있었다. 베드로는 그것이 곧 하나님의 성령을 속이는 것이라고 말한다. 그들의 속임수와 그로 인해 죽은 사건은 하나님을 속이는 결과를 보여 줌으로써 당시 교회에 큰 두려움을 주었다.

2 사도

예수가 따로 불러서 특별한 일을 맡긴 사람을 사도라고 부른다. 예수에게는 열두 명의 제자가 있었다. 그중 유다가 예수를 배반하여 죽게 만든다. 그래서 예수가 부활하여 하늘로 올라간 이후에 예수의 제자들끼리 모여 회의를 한 후

맛디아라는 사람을 열두 제자 중 하나로 선택하게 된다. 예수님의 이 열두 제자를 사도라고 부른다. 또한 바울이나 《성경》의 몇몇 인물들이 사도라고 불렀다.

3 베드로

베드로는 예수의 열두 제자 중 한 명이었다. 원래는 어부였는데 예수가 그를 제자로 불렀을 때 그를 좇았다. 베드로의 원래 이름은 시몬이었다. 하지만 나중에 예수가 그의 이름을 바위라는 뜻을 가진 베드로로 고쳐 불렀다. 그는 예수가 잡히던 날 밤에 세 번이나 예수를 모른다고 부인하기도 했으나 예수가 하늘로 올라간 이후 교회의 지도자로서 열심히 활동했다.

4 성령

성령은 하나님인데 예수를 믿는 사람들을 가르치고 하나님의 뜻대로 살도록 이끄는 일 등을 한다. 기독교에서는 성부 하나님, 성자 하나님 그리고 성령 하나님을 믿고 예배한다. 하지만 《성경》은 이것이 세 하나님을 의미하는 것이 아니며 하나님은 오직 한 분이라는 어려운 내용을 보여 주고 있다.

아비투어 철학 논술

예시 답안

case 1 사람들이 돌을 들어 간음한 여인을 치지 않은 것은 예수의 말에 양심의 가책을 받아서 그랬다고 할 수 있다. 우리는 어떤 일을 할 때 떳떳함이 생기기도 하지만, 또 어떤 일에 대해서는 부끄러운 마음을 갖게 되기도 한다. "어느 누구라도 아무런 죄가 없는 사람이 먼저 돌을 들어 저 여인을 치십시오"라는 말 앞에서는 아마 모두가 이런 부끄러운 마음을 느끼게 되었을 것이다. 그것은 이 세상 어느 누구도 '나는 한 번도 죄를 지은 적이 없다'고 장담할 수 있는 사람은 없을 것이기 때문이다. 또한 성경은 모든 사람이 죄를 가지고 있고 또 죄를 지을 수 있다고 말한다. 그러므로 어느 누구도 예수의 앞에 당당하게 나설 사람이 없었을 것이다. 만약 그렇게 했다면 그들은 자신의 양심을 속인 사람들이 되었을 것이기 때문이다.

case 2 바리새인은 그들의 조상들이 만든 전통을 잘 지켜 왔다. 하지만 그 전통보다 더 중요한 것은 그 마음이다. 바리새인들은 예수의 제자들이 음식을 먹기 전에 손을 씻지 않았다고 비난했다. 하지만 예수는 오히려 사람의 입에서 나오는 것들이 사람을 더럽게 하는 것이지 손을 씻지 않고 먹은 것이 사람을 더럽히지 않는다고 반박했다. 여기서 더럽힌다는 것의 의미는 눈에 보이는 오물에 의해 더럽혀지는 것을 말하는 게 아니라 죄와 같은 내적인 더러워짐을 말하는 것이라고 볼 수 있다. 실제로 음식이나 그 음식을 먹는 방법이 사람을 더럽게 하지는 않는다. 특히 음식은 우리가 먹고 난 후 배설을 통해 사라지고 마는 것일 뿐이다. 그것이 우리를 죄짓게 만들지는 않는다. 오히려 우리 입에서 나오는 것들이 우리를 더럽게 하고 죄를 짓게 만드는 것들이다. 예수는 바로 그것들이 우리의 마음으로부터 나온다고 말하고 있다. 우리의 마음에 있는 악한 생각들이 입으로 나오게 되고 그것들이 사람을 더럽히는 진정한 원인이라는 것이다. 예수는 여기서 겉만 깨끗하게 하기 위해 노력하는 사람들의 형식적인 삶을 꾸짖고 있는 것이다.

주제탐구 **02**강 용서받는 사람과 회개

case 1 내가 만약 하나님이라면 세리의 기도를 들을 것이다. 그것은 그가 진심으로 자기의 잘못을 뉘우치고 있기 때문이다. 세리는 감히 하늘을 올려다보지도 못하고 고개를 숙이며 자기의 잘못을 진심으로 뉘우치는 모습을 보이고 있다. 또한 여러 말을 하지 않았지만, 그의 "하나님, 저를 불쌍히 보시고 용서해 주십시오"라는 짧은 말 속에는 그가 하고자 하는 모든 말이 들어 있다고 볼 수 있다. 마음에서 진심으로 우러나오는 말은 이런저런 변명을 늘어놓는 것과는 다르다. 세리는 하나님 앞에서 자기의 죄가 얼마나 많고 큰지 잘 알고 있었고 그것을 용서받고자 하는 간절한 마음이 있었다고 할 수 있다. 그러므로 내가 하나님이라면 그의 진심이 담긴 기도를 들을 것이며 그의 죄를 용서해 줄 것이다.

하지만 바리새인은 자기의 잘못을 뉘우치기보단 하나님 앞에서 자기 자랑을 하고 있다. 그는 자신이 죄를 짓지 않았음을 하나님 앞에서 자랑하고 있다. 더 나아가 자신

을 세리와 비교하면서 그를 비난하기까지 한다. 그의 기도 내용에는 그의 교만함이
잘 나타나 있다. 따라서 그의 기도는 하나님이 듣지 않을 것이며 내가 만약 하나님이
라 해도 그의 기도를 듣지 않을 것이다. 그리고 그를 칭찬하기보다는 오히려 그의 잘
못을 지적해 줄 것이다.

case **2**

이 이야기의 아버지와 아들의 비유는 마치 우리와 우리 부모님의 관계와
같다. 둘째 아들은 자신의 잘못을 깨닫고 난 후 자기 아버지에게로 돌아가
서 용서를 구했다. 그때 그의 아버지는 죄를 용서해 줄 뿐만 아니라 다시금 그를 종이
아니라 아들의 지위를 누리면서 함께 살도록 해 주었다. 우리가 우리 부모님께 잘못했
을 때 용서를 구하면 부모님은 언제든 용서해 준다. 또한 우리가 그들의 자녀로 살 수
있도록 보살펴 주고 가르쳐 준다. 《성경》은 이처럼 우리와 부모님의 관계, 둘째 아들과
부자 아버지의 관계를 통해 인간과 하나님 사이의 관계를 보여 주고 있다. 우리가 죄
를 지었을 때 우리 죄를 인정하고 하나님께 용서를 구하면 그는 언제나 우리의 죄를 용
서해 준다는 것이다. 이처럼 우리가 자신의 잘못을 깨닫고 하나님께 잘못을 말하고 그
죄의 용서를 구하는 것이 《성경》에서 말하는 회개의 의미이다.

case 1 위 지문에서는 하나님이 사랑이라는 것을 하나님이 인간에게 행한 일을 통해 설명하고 있다. 즉 하나님이 우리를 사랑해서 그의 아들을 세상에 보내 인간의 죄를 위해 대신 희생하게 하였다는 것이다. 이것이 《성경》이 말하는 하나님의 사랑이다. 즉 우리가 하나님을 안다는 것은 하나님이 행한 일을 안다는 것이고 그것을 근거로 우리도 다른 사람을 어떻게 사랑해야 하는지 알게 되고 그러한 사랑을 할 수 있게 되는 것이다. 그러므로 하나님을 안다고 말하는 사람, 곧 하나님을 믿는다고 하는 사람은 다른 사람들을 사랑해야 한다. 왜냐하면 그들의 사랑의 행위가 곧 그들이 하나님을 안다는 증거이기 때문이다. 만약 하나님을 안다고 하는 사람, 즉 자기가 하나님을 믿는다는 사람이 서로 사랑하지 않는다면 그는 하나님을 알지 못하는 것으로 거짓말을 하는 것이다.

case 2 아나니아와 삽비라가 교회에 드린 돈은 적은 액수가 아니었을 것이다. 또한 그들은 돈을 드려 교회 일에 사용하도록 자원하는 마음도 있었다. 그러므로 그들은 오히려 칭찬을 받아야 하는데 죽음이라는 징벌을 받았다. 무엇이 그들을 죽일 만큼 큰 문제였을까?

아나니아와 삽비라가 죽은 이유는 그들이 하나님을 속였기 때문이다. 그들은 자기들이 돈을 숨긴 것을 아무도 모를 거라고 생각했다. 왜냐하면 두 사람만이 계획한 일이었고 그 누구도 본 사람이 없었기 때문이다. 그러나 신기하게도 베드로는 그 사실을 알고 있었다. 아마도 그것은 하나님이 베드로에게 알려 주었기 때문일 수 있다. 베드로는 그들에게 이것은 사람을 속인 것이 아니라 하나님을 속인 것이라고 말했고 그 때 그들은 곧 죽었다. 《성경》은 죄에 대한 벌은 죽음이라고 말한다. 그들이 만약 사실을 말하고 용서를 구했다면 죽임을 당하지는 않았을지도 모른다. 혹은 처음부터 땅을 판 돈의 일부만 가져왔다고 말했다면 베드로로부터 칭찬을 받았을 수도 있다. 그러나 그들은 자신들이 하나님을 속이고 있다는 걸 알지 못했다. 하나님은 자신을 속이는 것에 대해서는 엄하게 심판하는 것을 알 수 있다.

철학자가 들려주는 철학이야기 020

뒤르켐이 들려주는 자살론 이야기

저자_박민수
연세대학교 독문과를 졸업하고 동 대학원에서 석사 학위를 받았다. 지금은 독일 베를린 자유대학에서 '근대 미학에서 미적 가상의 개념' 이란 주제로 박사 논문을 준비하고 있다. 전문 번역가로도 일하고 있으며, 그동안 번역한 책으로는 《우리의 포스트모던적 모던》, 《데리다-니체, 니체-데리다》, 《신의 독약》, 《책벌레》, 《크라바트》 등이 있다.

01_강 아노미와 규범

"오늘 논설은 뒤르켐의 아노미에 대해 이야기하고 있군요. 에, 어디 보자."

논설면은 앞뒤로 펄럭이며 필요한 이야기를 찾았다. 그 사이 신문들은 아노미가 뭘까 귓속말을 주고받았다.

"뒤르켐은 현대사회에서 범죄라든가 청소년의 방황과 같은 일탈 문제 등이 왜 그렇게 많이 일어나는지 설명하기 위해서 아노미라는 말을 사용하였습니다. 아노미가 무엇일까요? 아노미는 규범이 없거나 무너지는 것, 즉 무규범 상태를 말합니다. 그럼 규범은 무엇입니까? 규범은 사람들이 어떤 행동을 할 때 그 행동의 기준이 되며, 그 행동을 옳거나 그르다고 판단할 수 있는 잣대가 되는 것을 말하지요. 그런데 이런 규범이 무너져 버리면 어떻게 되겠습니까? 옳고 그름을 판단할 수 있는 기준이 없어져 버렸기 때문에 사람들은 무엇이 옳고 무엇이 그른지 알 수 없는 혼란한 상태가 되어 버리겠지요. 이렇게 되면 사회는 혼란에 빠지게 됩니다. 그래서 돈을 훔치거나 물건을 훔치는 행위도 규범이 바로 서 있다면 당연히 처벌을 받아야 하는 일이지만 사회가 혼란해 규범이 무너지면 왜 처벌을 받아야 하는지도 알 수 없게 되는 것이겠지요? 사람들이 제대로 옳고 그름을 판단할 수 없는 이러한 상태를 정신적인 공황 상태라고 하며, 이것이 곧 아노미입니다."

– 《뒤르켐이 들려주는 자살론 이야기》 중에서

생각 쓰기

"뒤르켐이 가장 관심을 기울인 자살 유형은 바로 아노미적 자살이었습니다. 아노미적 자살은 사회가 규제를 제대로 하지 못하거나 혼란 상태에 있을 때 발생합니다. 특히 뒤르켐은 이것이 경제적 위기 상황에서 주로 발생한다고 보았습니다."

– 《뒤르켐이 들려주는 자살론 이야기》 중에서

"그러면 정신적인 공황 상태라는 건 사회가 혼란해질 때 나타난다고 하셨는데 사회가 혼란하다는 건 뭘 말하는 거죠?"

문화면이 묻자 경제면이 그것도 질문이라고 하냐는 듯이 나서서 대답했다.

"아, 그거야 당연히 경제적으로 어려울 때를 이야기하는 거 아니겠습니까? 경제가 불황이면 사람들이 힘들어하잖아요. 자살률도 높아지고, 그렇지 않습니까?"

"꼭 그렇지만은 않은 것 같은데요. 경제가 호황일 때에도 사람들의 욕심은 끝이 없어서 남보다 더 가지려고 경쟁하느라 자신이 가진 것에 만족하지 못하고 불만이 쌓여 자살을 하는 경우도 많지요. 꼭 가난한 사람들이 자살을 하는 건 아니지 않습니까?"

사회면의 말에 경제면이 쩝, 하고 입맛을 다셨다.

"두 분 말씀 모두 맞습니다. 아노미적 자살에서 중요한 요인이 바로 경제적 요인이라고 합니다. 특히 경제가 좋지 않을 때 자살률이 높은 것도 사실입니다. 하지만 이것은 단지 물질적 빈곤 때문만은 아니지요. 태어날 때부터 가난했던 사람들은 오히려 자살률이 낮습니다. 반면에 경제가 좋을 때에는 자살률이 상승합니다. 따라서 경제적 상황 그 자체가 자살을 불러 온다기보다는 사회가 변동하는 시기에 개인들의 사회 활동을 규제해 주던 규범이 무너지면서 그러한 결과가 오는 것이라고 볼 수 있겠지요."

─ 《뒤르켐이 들려주는 자살론 이야기》 중에서

"그런데 뒤르켐이 살던 시대가 도대체 언제인데 그 시절에 아노미적 자살이라는 걸 생각했을까요? 뒤르켐의 시대에도 아노미적 자살이라는 게 있었나 봐요?"

문화면의 질문에 다른 신문들도 모두 고개를 끄덕이며 궁금해 했다.

(……)

"어디 보자…… 아, 여기 있군요. 뒤르켐이 살던 시대의 유럽은 19세기 말 산업화와 근대화로 매우 급격한 변화를 겪던 시대였다고 하는군요. 농업을 위주로 하는 공동체 문화가 파괴되고 도시가 성장하면서 도덕과 전통이 무너지자, 부자와 가난한 사람들 간의 불평등이 생기고, 경쟁과 이기주의 등이 사회에 퍼지면서 자살률이 증가하게 되었다고 합니다. 내일의 논설은 여기까지로군요. 에헴."

─ 《뒤르켐이 들려주는 자살론 이야기》 중에서

생각 쓰기

"개인은 사회 속에서 알게 모르게 이러한 규범들의 영향을 받는 것이지요. 이렇게 사회가 요구하는 기준들이 흔들리지 않아야 그 사회 속에 사는 개인들이 흔들리지 않겠지요? 마치 배가 항해를 할 때에 나침반이 배의 항로를 결정짓는 중요한 척도가 되는 것처럼 말입……."

"아! 이제 알겠습니다. 그러니까 태양에게는 나침반이 되어 줄 기준들이 없었던 거로군요! 아빠가 돌아가신 후 태양의 엄마도 할머니도 정신적으로 혼란한 상태였을 테니 태양에게 제대로 된 가치관을 심어 줄 수가 없었겠지요. 맞지요?"

사회면은 드디어 태양이 방황한 원인을 알아내어 마음이 편한 모양이었습니다.

"그렇습니다. 태양에게는 부모님이 만들어 놓은 가족이라는 울타리가 작은 사회였던 셈이지요. 아빠가 살아 계셨을 때 바빠서 자주 태양과 지내지는 못했더라도 태양에게 아빠라는 존재는 나침반과 같았겠지요. 또한 이제 유일하게 태양을 사회와 연결해 주는 연결 고리인 엄마와 할머니도 태양에게 제대로 된 가치관을 심어 주지 못하고 있으니 태양은 더욱 혼란스러웠겠지요. 그래서 도둑질을 하고, 자살까지도 생각하게 된 것일 테고요."

모두 심각하게 고개를 끄덕이며 논설면의 이야기에 공감했다.

- 《뒤르켐이 들려주는 자살론 이야기》 중에서

생각 쓰기

1 일탈 행동

일탈 행동은 간단히 일탈이라고도 한다. 일탈 행동은 어떤 사회의 규범이나 가치로부터 벗어나는 행위를 말한다. 사회적 규범에는 법률·관습 등이 있는데, 때에 따라서는 도덕·전통·예의 등을 포함시키는 경우도 있다. 따라서 일탈 행동의 종류도 매우 다양하게 나타난다. 다른 사람에게서 돈이나 물건을 빼앗아서는 안 된다는 것은 사회에서 지켜져야 할 규범이다. 그런데 방과 후 골목길을 지키고 있다가 다른 학생의 돈을 빼앗는다면 이는 일탈 행동이다.

2 정신적 공황 상태

정신적 공황 상태, 또는 간단히 공황이라는 것은 사람이 커다란 두려움과 놀라움에 사로잡혀서 어쩔 줄 모르고 불안해하기만 하는 상태를 말한다.

3 불황/호황

불황은 한 사회의 경제 전체가 침체되어 활발하지 못한 상태에 있는 것을 말하며, 이와 반대로 호황은 경제 전체가 활발한 상태에 있는 것을 말한다. 하지

만 불황이나 호황은 경제 전체가 아니라 특정한 분야에도 사용될 수 있다. '우
리나라 경제가 지금은 불황이다'라고 말한다면 불황이란 말을 경제 전체와 관
련지어 쓰고 있는 것이지만, '요즘은 건설업계가 불황이다'라고 말한다면 경
제 전체와 무관하게 건물을 짓는 분야는 침체되어 있다는 뜻이 된다.

02강 자살의 유형

㉮ 뒤르켐은 다음과 같이 자살의 유형을 나누었다.

이기주의적 자살은 사회적 통합 정도가 낮고 개인이 속한 집단의 결속이 약하거나 깨져서 홀로되어 있을 때 나타난다. 이를테면 가톨릭 신자들은 개신교 신자들에 비해 상대적으로 강한 사회적 공동체를 이루고 있기 때문에 자살률이 낮다.

아노미적 자살은 사회적 규제가 부족할 때 많이 나타난다. 이는 이상적 표준이나 소망에 대한 고정된 기준이 없어지는 경제적 격변의 시기나 사람들이 속한 환경과 그들이 원하는 것 사이의 균형이 깨지는 등의 개인적 갈등상태에서 흔히 나타난다.

이타적 자살은 개인이 과도하게 사회에 통합되어 사회적 결속이 지나치게 강하고 사회의 가치가 개인의 가치보다 훨씬 클 때 나타난다. 이런 경우 자살은 '위대한 선(善)'을 위한 희생이 된다. 한 예로 일본의 가미카제 비행사들의 이타적 자살을 들 수 있다.

– 관련 기출 문제 : [2004년] 경인교육대학 논술 고사 제시문

㉯ 근례에 발생한 몇몇 자살 사례는 자살 유형의 전형적인 모습을 담고 있다. 최근 여대생 2명이 극약을 먹고 자살하였다. 경찰 조사를 통해 밝혀진 사실은 죽기 불과 닷새 전 인터넷 자살 사이트를 통해 서로를 알게 되었으며, 죽기 전날 밤 처음 만나 민박집에서 극약을 탄 소주를 마신 것으로 밝혀졌다.

한 농민 운동가는 WTO 협상을 반대하는 1만여 명의 시위대와 함께 WTO 각료 회의 회의장으로의 진입을 시도하다가 흉기로 가슴을 찔러 자살하였다. 한 가장은 카드빚 등으로 생활고에 시달리자 가족을 동반하고 자살하였다. 이 가장은 자신의 아내와 아이들을 태운 승용차를 몰고 그대로 호수로 돌진하였다. 한 회사원은 회사 공금 수억 원을 빼돌려 도박으로 모두 잃고 극약을 마시고 스스로 목숨을 끊었다.

– 관련 기출 문제 : [2004년] 한양대학교 논술 고사 제시문

생각 쓰기

주 요 개 념 및 배 경 지 식

1 가미카제

가미카제는 2차 세계 대전 때 폭탄을 싣고 적 군함에 돌진하여 자살한 일본 조종사들을 가리킨다. 13세기에 고려와 원나라 연합군이 일본을 침공하려 했을 때, 우연히 태풍이 불어와 이 침략을 막아냈다. 이것이 가미카제('신의 바람'이라는 뜻)인데, 일본은 이 이름을 2차 세계 대전 때 그들의 자살특공대에 붙여 사용했다.

2 WTO

WTO는 1994년에 설립된 국제기구인 '세계 무역 기구(World Trade Organization)'의 약자로, 세계 무역과 무역 분쟁에 관한 업무를 주로 담당하고 있는 기구이다.

03강 종교와 도덕

 뒤르켐은 원시 부족 사회의 토템에 관해 많은 연구를 했다. 다음 제시문을 읽고, 원시 부족 사회에서 토템이 무엇이었으며 어떤 기능을 했는지 설명하시오.

"뒤르켐은 가장 원초적인 오스트레일리아 원주민의 토템 종교와 사회를 연구했지요. 이 원주민들은 혈연관계가 없음에도 같은 토템 아래 같은 이름을 가졌다는 이유만으로 서로 친척으로 생각하였습니다. 토템은 부족마다 달랐습니다. 어떤 씨족은 동물이 토템이었고, 어떤 씨족은 나무, 달, 태양 등이 토템이었지요. 이 원시 부족들에게 토템은 신성한 것이었고 친숙한 것이었습니다. 이러한 성스러운 토템들은 부족의 특징을 잘 보여 주었고 그 사회의 구성원들에게는 매우 소중한 것이었답니다."

(······)

"아, 그럼, 다시 토템 이야기로 돌아가 볼까요? 토템의 대상은 말씀드린 대로 그 사회의 구성원들에게 매우 성스럽게 여겨지는 것들이었답니다. 모든 종교가 성스러운 것은 숭배하고 세속적인 것은 금기시하지요. 가령 기독교에서는 십자가나 성경 등을 성스럽게 여기고 도박이나 술, 담배 등을 세속적이라고 하여 금기시하지요. 특히 토템의 대상인 성스러운 것들은 종교 행사를 통해 매우 소중하게 다루었고 세속적인 것을 행할 때는 가혹한 처벌을 내리기도 하였답니다. 따라서 원시 부족들은 종교를 통해서 좋은 것과 나쁜 것, 숭배해야 할 것과 금기시해야 할 것을 구분하였고, 이 구분은 사람들의 머릿속에 깊게 새겨지게 되지요. 이것이 하나의 사회적 질서가 되는 것이고요."

"맞습니다. 원시 부족들에게는 종교가 곧 법이고 삶 자체였지요. 특히 원시 부족들은 종교 행사를 통해 토템의 중요성을 알리고, 집단의 구성원들을 통일시켜 이들에게 비슷한 사고방식을 심어 줄 수 있었지요."

국제면이 점잖게 나서며 말을 이었다.

"토템의 대상이나 종교의 이념은 누구나 이해할 수 있고 볼 수 있는 대상인 경우가 많습니다. 그래야만 구성원들 모두가 쉽게 의식할 수 있기 때문이지요. 예를 들어 우리 사회에서는 국기나 위인들의 동상 등이 하나의 신성한 상징이지요. 이러한 것들은 국민의례나 기념일 등을 통해 신성하게 다루어짐으로써 사람들에게 태극기나 위인들이 의미하는 내용을 의식하게 하고 서로 비슷한 사고방식을 갖게 하지요. 이렇듯 원시시대의 토템은 바로 사회였고 토템을 숭배하는 것은 사회를 신성시하는 것이었습니다."

국제면은 얼마 전 아프리카 오지의 부족 이야기를 다룬 적이 있어 토템에 관해 좍 꿰고 있었다.

"에헴, 네 그렇습니다. 여기 논설면에도 그 내용이 있군요. 에헴! 그러니까 뭐냐,

뒤르켐은 종교 행사는 흥분과 정열을 불어넣어 준다고 하였답니다. (……) 종교 행사는 일종의 축제였답니다. 춤추고 노래 부르고 주문을 외우면서 사람들은 열정적인 상태로 빠져 들게 되지요. 이러한 격정 속에서 사람들은 집단적인 흥분 상태가 되고 토템의 중요성을 더욱 깊이 깨닫게 된다는 것입니다. 성스러운 토템에 대한 이러한 공동의 의식이 부족 구성원들을 강하게 하나로 묶는 끈이자 사회질서의 근본이 된 것이지요. 따라서 종교와 사회질서는 매우 밀접한 관계가 있답니다. 토템은 성스러운 것이자, 구성원들을 하나로 묶는 끈이자, 사회질서였던 셈이지요."

– 《뒤르켐이 들려주는 자살론 이야기》 중에서

"그럼 요즘 현대사회는 토템을 섬기지도 않고, 과거처럼 종교가 삶의 모든 것도
아닌데 그럼 현대사회에서 개인들을 묶어 주고, 사회의 질서가 되는 것이 뭐란 말
씀입니까?"

경제면이 또박또박 따지듯이 물었다.

"에헴, 어디 보자. 현대사회라……. 아, 여기 있군요. 뒤르켐은 과거 부족사회가
강하게 통합될 수 있었던 이유인 정신적 에너지가 종교였다면 현대사회에서는 그
것이 도덕이라고 말하는군요."

"에이, 법도 아니고 도덕이 어떻게 사람들을 강하게 통합을 합니까? 자고로 강
력한 법이 있어야 사회질서도 유지되고 사람들도 도덕적이게 되는 것이고 뭐 그
런 것 아닙니까?"

경제면이 입을 삐쭉거리며 말했다.

(……)

"도덕을 모르는 상태가 곧 아노미입니다. 개인들은 사회 속에서 자신들의 욕망
과 이익을 키워 나가게 되는데 그러한 욕망을 통제해 줄 틀이 바로 도덕이지요. 만
약 이러한 틀이 없다면 모두 이기주의에 빠지게 될 것입니다. 그래서 뒤르켐은 도
덕을 통해 욕망과 자기통제의 적절한 조절을 가르쳐야 한다고 말했답니다."

– 《뒤르켐이 들려주는 자살론 이야기》 중에서

　뒤르켐은 현대사회에서 종교의 영향력이 약화되고 있고 사회 통합이 위기에 빠지고 있다고 보았습니다. 과거 씨족사회에서 종교가 곧 도덕이었듯이 현대의 이기주의를 극복하고 사회 통합을 할 수 있는 정신적 에너지로서 뒤르켐은 도덕의 힘을 회복할 것을 강조하고 있습니다.

– 《뒤르켐이 들려주는 자살론 이야기》 중에서

생각 쓰기

1 세속

세속이란 종교와 관계없는 이 세상, 보통 사람이 늘 살아가는 세상을 뜻한다. 따라서 종교에 높은 가치를 부여한다면 세속은 그다지 가치가 높지 않은 세상, 고귀하지 못한 세상이라는 부정적인 의미를 갖게 된다.

2 금기

금기란 어떤 사회에서 해서는 안 되는 것으로 정해진 것을 말한다. 이러한 금기는 원래 종교와 관계가 있다. 예를 들어 이슬람 사회에서 돼지고기는 금기 음식이다. 그리고 과거의 토속 종교와 관계된 금기는 우리 사회에도 많이 남아 있다. 예를 들어 '~하면 부정 탄다' 고 말하는 것이 그런 예이다.

아비투어 철학 논술

예시 답안

case 1 아노미란 사회의 규범과 관련된 용어이다. 사회규범에는 고정된 것만 있는 게 아니고 시간이 지나면서 조금씩 변화하는 것들도 있다. 조선 시대와 현재 우리나라의 규범을 비교해 보면 상당히 많은 것이 달라졌음을 알 수 있다. 이처럼 규범의 여러 내용은 시대에 따라서 달라지게 마련이다. 그리고 긴 시간을 두고서 서서히 변하는 것이라면 큰 문제가 되지 않을 것이다. 어떤 규범이 시간이 지나서 다른 규범으로 대체된다면 사회의 구성원들도 거기에 적응할 수 있기 때문이다.

문제는 사회에서 어떤 사정으로 인해 규범이 갑작스럽게 무너지고 그것을 대체하는 새로운 규범이 나타나지 않는 경우이다. 이런 경우 사회 구성원들은 가치 기준을 잃고서 혼란을 겪게 된다. 이처럼 규범이 붕괴되어 버렸을 때 그 사회의 개인들에게서 나타나는 불안정 상태를 가리키는 말이 아노미이다. 이런 상태에서는 무엇이 바람직한 것인가에 대한 기준이 사라진 것이므로, 어떤 행동이 나와 타인을 위한 것이고 어떤 행동이 나와 타인을 해칠 수 있는 것인가를 판가름하기 어렵게 된다. 그렇게 되면 개인은 자신의 행동에서 자신이 없고 불안해지며, 또 그동안 금지되었던 행동을 해도 괜찮을지 모른다는 생각마저 갖게 된다. 이런 상황은 사회 전체에 부정적 영향을 준다.

case 2 뒤르켐에 의하면 사회의 가치 규범이 붕괴되면 구성원들이 범죄나 비행을 저지를 가능성이 커진다. 또 이러한 혼란 속에서는 구성원들이 절망과 공허감을 느끼기 쉬우므로 자살률도 높아진다. 뒤르켐은 이러한 유형의 자살을 아노미적 자살이라고 부른다.

뒤르켐은 이러한 아노미적 자살이 경제적 위기 상황에서 주로 발생한다고 보았다. 예를 들어 19세기 유럽에서는 급격한 산업화로 인해 농촌 공동체가 붕괴되고 도시화가 급진전되었으며 빈부 차이가 극도로 커졌다. 그리고 이러한 경제적 변동과 위기는 기존의 가치관과 규범을 급속히 붕괴시켰다. 그 때문에 이 시대 유럽에서는 자살률이 높아졌다고 한다.

오늘날에도 경제가 갑작스럽게 호황기로 접어들거나 불황기로 접어들면 자살률이 높아진다고 한다. 이런 자살은 물질적 궁핍 때문이기보다는 가치 규범의 변동이나 붕괴에 따른 것이기 때문에 아노미적 자살이라 일컫는다.

case 3 문제의 원인을 알면 그 해결책이 보인다. 아노미적 자살이 규범의 붕괴 때문에 비롯되는 것이라면 개인이 믿고 의지할 수 있는 규범, 즉 기준을 다시 세우는 것이 급선무가 된다. 그러나 한 사회에서 규범은 어느 한 개인이나 특정 집단의 단기적 노력에 의해서 다시 세워질 수 있는 것은 아니다. 한 사회에서 무너진 규범을 대신할 새로운 규범이 자리 잡기까지는 긴 시간이 필요하기 때문이다.

그러나 인간 사회에는 시대가 변해도 달라지지 않은 가장 기본적인 도덕 규범이 있다. 예를 들어 '모든 인간에 대해 존중하는 마음을 가져라', '다른 사람을 속이는 것은 나쁘다', '어려운 사람을 외면하지 말라' 는 것 등은 시대에 제한되지 않는 규범일 것이다.

사회 공동체는 평소 구성원들에게 이러한 기본적 규범의 가치를 지속적으로 강조하는 것이 바람직하다. 그래야 아노미적 상황이 벌어졌을 때에도 구성원들이 가장 기본적인 가치와 규범의 존재를 믿고서 위기를 극복할 수 있을 것이다. 그리고 이것이 아노미적 자살을 줄일 수 있는 방법이기도 하다.

case 1 제시문 ㉮에서는 뒤르켐이 제시한 자살 유형 중에서 이기주의적 자살과 아노미적 자살, 이타적 자살이 설명되고 있다. 이를 근거로 해서 제시문 ㉯에 나오는 자살 사례들의 원인을 설명해 보겠다.

먼저 자살 사이트에서 만나 극약을 먹은 여대생들의 경우는 '이기주의적 자살'로 분류할 수 있다. 이런 자살은 사회적 통합 정도가 낮을 때 나타나는 현상이다. 과거 인간이 농촌 공동체를 이루고 살았을 때는 사회 구성원들 사이의 결속력이 강했다. 그러나 산업화가 이루어지고 개인주의가 발달하면서 사회 구성원들의 결속은 상당히 느슨해졌다. 물론 이러한 변화는 과거에 비해 개인들이 더 많은 자유를 누리는 것이라고 볼 수 있다. 그러나 달리 보면 이는 모든 개인이 모래알처럼 흩어지는 현상이라고도 생각될 수 있으며, 이런 경향은 핵가족화된 가정 내에서도 흔히 나타난다. 이런 상황에서 개인은 외로움과 소외감 때문에 자살을 선택하곤 한다.

다음으로 농민 운동가의 죽음은 '이타적 자살'의 사례이다. 사회의 결속력이 지나치게 강해서 사회의 가치가 개인의 가치보다 클 때 나타나는 현상이다. 농민 운동가는 국내 농업의 보호, 더 나아가서는 한국이란 나라를 위해서 자신의 삶을 내던져야 한다고 느꼈을 것이다. 이런 죽음은 흔히 살신성인이라 하여 칭송받는다. 하지만 이런 자살이 흔히 일어나는 사회에서는 개인이 사회나 집단의 부속물로 전락할 위험을 크게 안고 있다.

마지막으로 한 가장이 카드빚 등으로 생활고에 시달리자 가족 동반 자살을 하는 경우*나, 회사 공금을 횡령한 회사원이 극약을 마시고 목숨을 끊는 것은 아노미적 자살로 해석될 수 있다. 이는 한 사회의 경제적 변동기에 흔히 나타난다. 급격한 산업화 과정에서는 사람들이 편법으로 큰돈을 벌 가능성도 많이 생기고 또 물질적인 향락을 추구하는 경향이 증대한다. 이런 상황에서는 많은 사람들이 노동 자체를 우습게 여기고 돈과 향락이 최고라는 생각을 갖기 쉽다. 근면함이나 정직함, 검소함 등의 규범은 붕괴되는 것이다. 그리고 이러한 상황에서 무엇이 옳고 그른지에 대한 가치판단 자체가 어려워진다. 이른바 정신적 공황 상태가 나타나는 것이다. 그리고 많은 사람들이 무엇이 옳은가에 대한 깊은 고민 없이 그리고 그 어떤 불안에 떠밀려 좌충우돌하다 자살을 선택하곤 한다.

* 《뒤르켐이 들려주는 자살론 이야기》에서는 이와 비슷한 경우가 '숙명론적 자살'로 분류되고 있다. 이 책에서는 '사회에서 비참한 운명이 바뀔 것 같지 않아 택하는 자살'이라고 보았던 것이다. 그런데 그와 비슷한 경우이지만 위의 문제에서는 아노미적 자살로 보는 것이 타당하다고 생각된다. 이처럼 하나의 현상이 꼭 하나의 유형에만 속하는 것은 아니다. 뒤르켐 자신도 이기적 자살과 아노미적 자살은 겹치는 경우가 많다고 말했다. 그리고 숙명론적 자살이란 유형에도 상당히 모호한 점이 있다. 가령 위의 예에서 농민 운동가가 자살을 자신의 숙명으로

받아들였다면 어떻게 되었겠는가? 요컨대 뒤르켐의 분류는 대략적인 틀 정도로만 이해해야 할 것이다. 각각의 유형이 칼로 무 자르듯 분리되고, 모든 자살이 아주 명백히 그중 하나에만 속한다고 이해해서는 곤란하다.

case 1 토템이란 원시사회의 부족이 어떤 자연 대상물을 자신들과 친족 관계 내지 신비적 관계에 있는 것으로 믿는 것을 말한다. 가령 어느 부족이 달을 신성시하고 자신들이 달과 신비적인 관계를 맺고 있다고 생각한다면, 예를 들어 달이 자신들의 선조라고 생각한다면, 이 부족은 달을 토템으로 삼고 있는 것이다.

이러한 토템은 달, 별, 특정한 꽃 등 부족 구성원들이 쉽게 알 수 있는 대상이었다. 그리고 이러한 토템은 원시 부족이 행하는 종교적 의식에서 성스럽게 취급되었고, 이를 아무렇게나 다루면 벌을 받기도 했다. 예를 들어 소나무가 토템인 부족이라면 소나무로 연장을 만들거나 하는 것을 금기시 했을 것이다.

그렇다면 이런 종교적 상징을 굳이 만들어 낸 이유는 무엇이었을까? 뒤르켐은 그것이 부족의 연대와 질서를 위한 것이었다고 생각한다. 즉 하나의 종교적 상징을 만들어 부족 구성원들 모두가 비슷한 생각을 공유하게 하고, 또 부족 사회의 여러 규칙에 이 상징과 관련된 종교적 의미를 부여함으로써 그것을 따르게 만들었던 것이다. 더 나아가 이런 토템이 중심에 있는 종교의식은 도취와 흥분에 빠지는 일종의 축제였으며, 이런 축제를 통해 구성원들의 결속을 다지게 되었다고 한다.

case 2 뒤르켐에 따르면 원시 부족 사회의 토템 종교, 즉 토테미즘은 모든 종교의 원형이라 할 수 있다. 모든 종교는 근본적으로는 원시 부족 사회의 토테미즘과 동일한 역할을 한다는 것이다. 즉 모든 종교는 사회 구성원의 결속을 유지하고 구성원들로 하여금 규범을 공유하고 준수하게 하는 역할을 한다.

그런데 현대사회에서는 종교가 예전처럼 큰 기능을 하지 않게 되었다. 유럽의 경우, 기독교적 중세가 종말을 고하고 근대 과학혁명이 일어난 후에는 합리주의적 사고방식이 사회를 지배하게 되었기 때문이다. 근대의 역사를 보면 알 수 있듯이 이러한 사고방식은 분명 인간에게 해방과 진보를 가져왔다. 하지만 이로 인해 사회 통합의 정도가 약해진 것도 사실이라는 게 뒤르켐의 입장이다.

뒤르켐은 종교의 힘이 약화된 현대에는 이를 대신해서 사회를 통합시킬 수 있는 무엇이 존재해야 한다고 말한다. 그리고 그것은 바로 도덕이라고 주장한다. 사회가 유지되기 위해서는 새로운 종교로서의 도덕이 꼭 필요하다고 보는 것이다.

논술
답안 쓰기

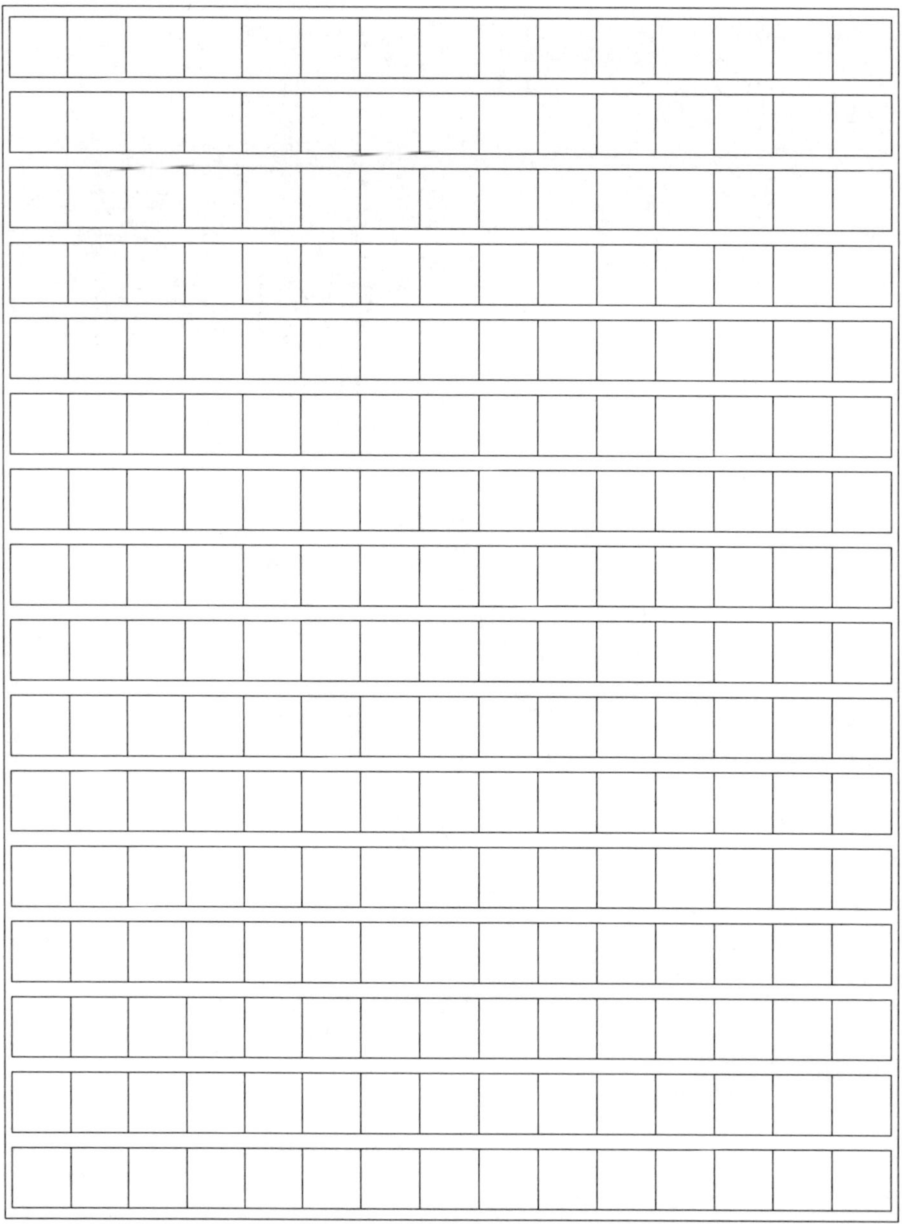

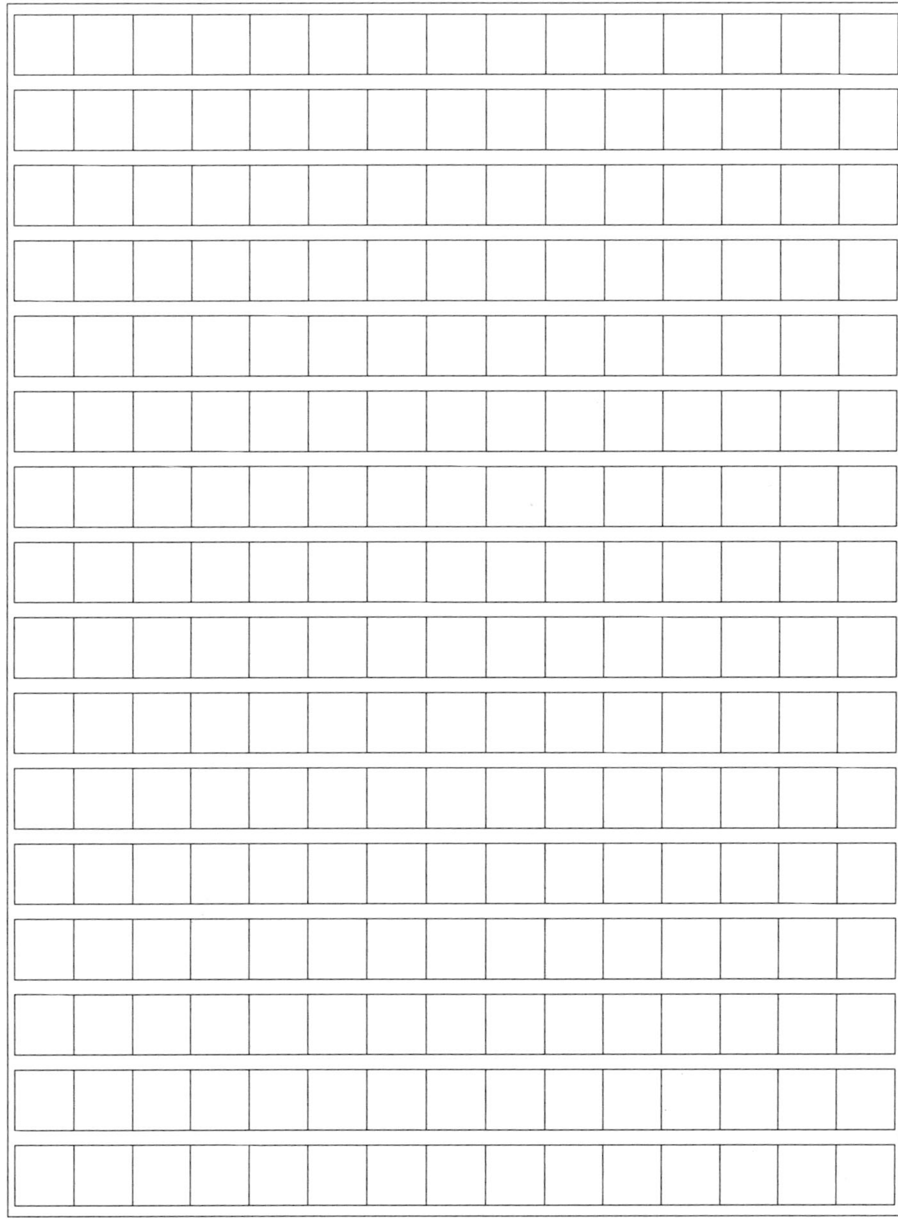

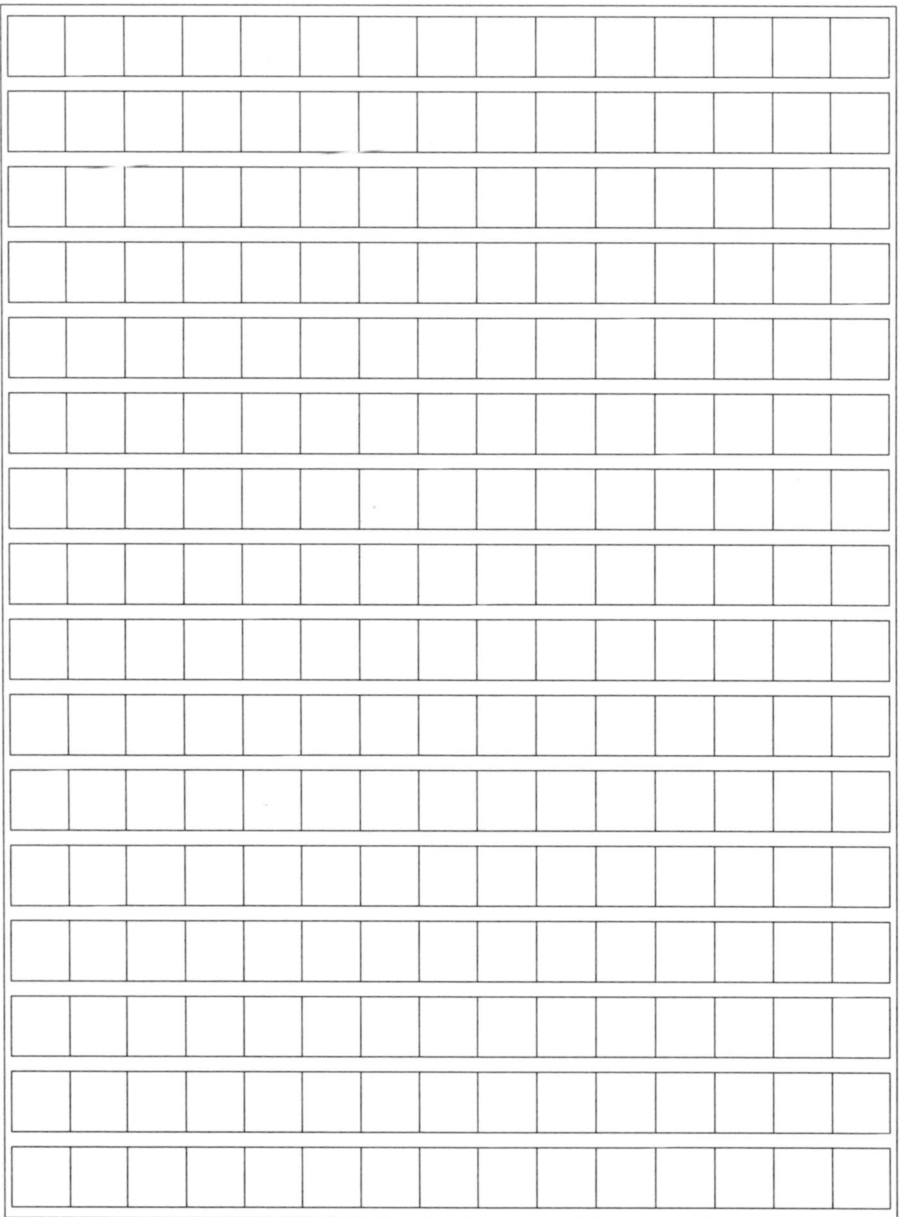

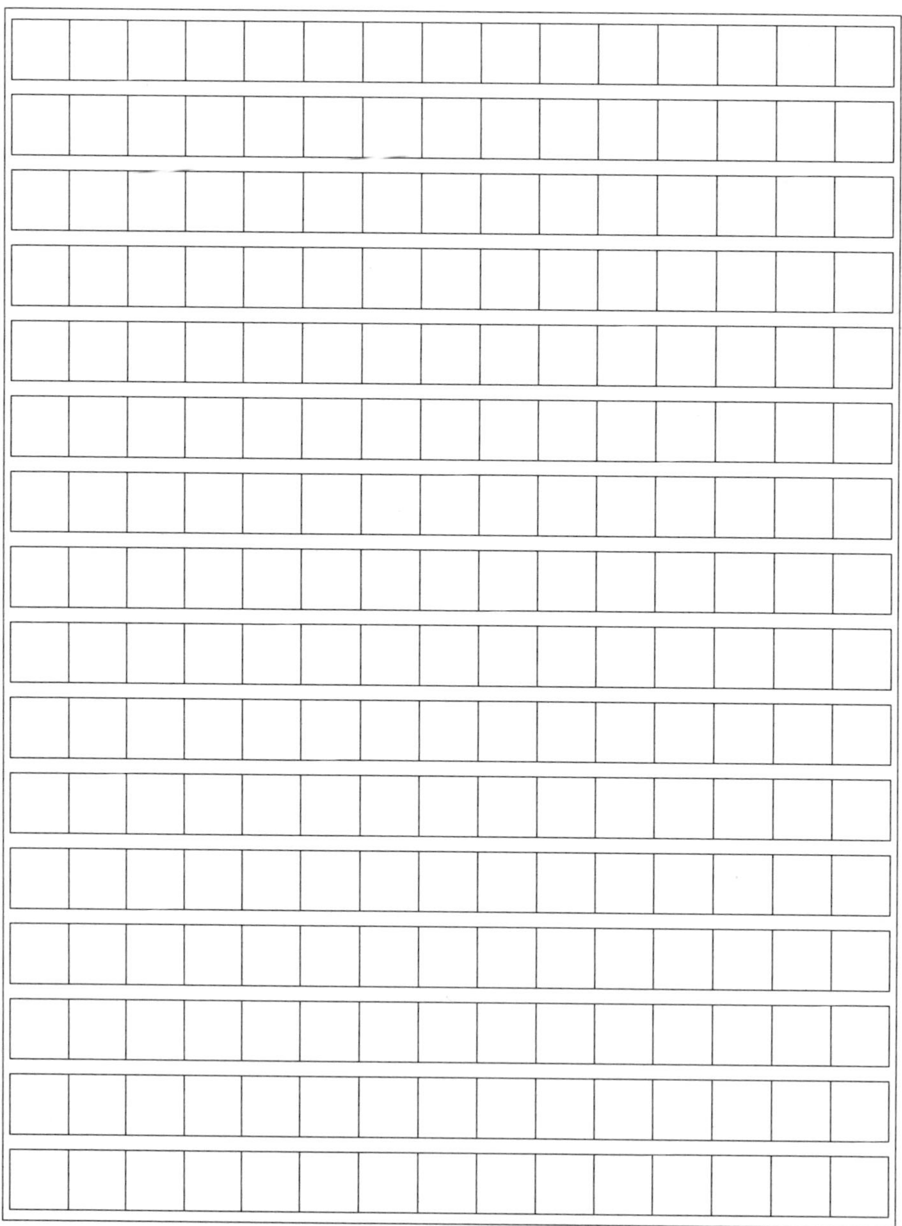